Giancarlo Gasponi

EIN ANDERES ROM...

Vorwort
Enzo Siciliano

Texte
Livio Jannattoni

technische Redaktion
Rouhyeh Avaregan

euroedit - trento

Titel des Originals:
ROMA ANCORA

CIP-Kurztitelaufnahme der Deutschen Bibliothek

Gasponi, Giancarlo:
Ein anderes Rom... / Giancarlo Gasponi.
Vorw. Enzo Siciliano. Texte Livio Jannattoni.
2. Aufl. - München: Schüler, 1994

Einheitssacht.: Roma ancora dt.

NE: Jannattoni, Livio Mitarb.
ISBN 3-925988-09-2

ISBN 3-925988-09-2
2. Auflage 1994

Printed in Italy

Rom, Stadt des Mittelmeeres und der Levante. Rom, Tor zum Orient, Eingang zu einer Welt, die unauflöslich mit Korruption und moralischem Schachern verbunden ist. Davon hat man viel gelesen und davon wird man noch viel lesen. Rom, Treffpunkt aller italienischen Laster. Es gibt Momente, da überträgt das ganze Land all sein Unbehagen auf die Hauptstadt. Doch statt sie nur als Spiegel aller dieser Übel zu sehen, wird sie als die Ursache betrachtet, so als ob die Stadt allein Krankheiten und Perversitäten jeglicher Art hervorbringen könnte.

Rom, faul und schläfrig, aber auch wild und gefährlich, wie uns Belli seit der „Unità" zeigt, dorthinein ergoß ganz Italien, was es an Schlimmem gab. Alle Übel, alle Schäden für die Stadt und das Land sind die Folge aus dieser fortschreitenden „Belagerung", die sich im Faschismus und in der Nachkriegszeit immer mehr beschleunigte. Liest man die ersten „parlamentarischen" Romane. »Daniele Cortis« von Fogazzaro oder »L'Imperio« von De Roberto, so erkennt man, daß Rom sich eigentlich immer nur mit der Rolle der Zuschauerin benügte und die Intrigen und Schiebereien der italienischen Politiker aus den entferntesten Provinzen beherbergte.

Diesen Intrigen, Schiebereien und Skandalen gewährte die Stadt den dünnen Schutz einer zynischen Toleranz, trotz des bitteren Hohngelächters, das sich aus der Geschichte ableitete. Rom machte seit jeher bei diesem Spiel mit, so wie es bislang alle Päpste aufgenommen hat und ihnen den „Palast" gegeben hat.

Wenn es in der jahrhundertelangen Geschichte der Stadt Rom einen roten Faden gibt, so ist es der: Rom ist eine „geteilte" Stadt. Auf der einen Seite steht die Seele des Volkes, eine Seele, die Fürsten und Krämer vereinte, Weinbauern und Domherren, die alle denselben Dialekt sprachen, und auf der anderen Seite steht

die Seele der Kurie oder der „Paläste".
Der Geist der „Paläste" gegen die Seele des Volkes?
Der Geist der Paläste machte sich zum Sprecher all dessen, was das gesamte Land bewegte. Kann man jedoch behaupten, jener römisch-katholische Geist sei ausschließlich römisch?
Die Antwort auf diese Frage hat ganze Bibliotheken gefüllt und zu den lebhaftesten Auseinandersetzungen geführt. Ich für meine Person glaube, daß der römische „Palazzo" das Ergebnis eines gesamtitalienischen Wettbewerbes vielfältiger Angelegenheiten ist, wobei Rom selbst an diesem gewagten Spiel teilnahm. Man weiß, daß ein römischer Kardinal anekdotenhaft römisch blieb, selbst wenn er die Tiara auf dem Kopf trug. Papst zu sein, auch wenn es „Gregoriaccio" von Belli war, war zwar eine Frage der Stadt (urbis), aber im wesentlichen eine Frage der Welt (orbis).
Die Stadt in ihrer besonderen Art wird also anders betrachtet und mit anderen Augen gesehen. Ihre Kuppeln, ihre Kirchen und die Schlösser ihrer Fürsten, die ihrer Herkunft nach Hirten waren, Käser, Gerber, Viehdiebe und nicht Fürsten des Heiligen Römischen Reiches, wie Stendhal einmal bemerkte, können gar nicht mit dem „Palazzo" und seinen Geschichten verwechselt werden.
»Ein anderes Rom«, so lautet der Titel dieses fotographischen Bandes von Giancarlo Gasponi. Blättert man die Fotographien durch, so sieht man sehr gut, wie Gasponi mit seinem Objektiv auf die Suche nach jenem anderen Rom gegangen ist, jenem geheimnisvollen Rom, das Polemik und weithin sichtbare architektonische Mißstände noch nicht zerstört haben. Ich sage ein verborgenes Rom, ich sollte sagen die Atmosphäre, die man immer noch in dieser Stadt zu gewissen Tages- und Nachstunden atmet, beim Wechsel der Jahreszeiten, bei Regen oder Sonne. Es ist die Atmosphäre eines volks-

tümlichen Roms, das sich vom Rom des „Palazzo“ unterscheidet. Schläger-Jungen mit langen Fingern und Messern, Frauen als Märtyrerinnen eines grausamen Geschickes, wie die schwangere Hure (die angeblich im Tiber ertrank) von Caravaggio als die tote Jungfrau gemalt oder die Schwestern Costanze und die vielen anderen, die uns Belli in seinen zweitausend Sonetten darstellt. Die Leute von Rom scheinen ein animalisches Los zu haben, ein Schicksal von Pein und Trauer. Schon in der »Chronik« eines anonymen Schreibers aus dem 14. Jahrhundert, der über die Ermordung des Volkstribuns Cola di Rienzo schrieb, war es nicht anders. Dic Stadt war umhüllt von einem schwülen Wind, der auf das Unheilvolle, Wirre abzielte, auf das Blut, das jedes Gefühl blind macht. Abgesehen vom Meereswind ist der Scirocco der Wind von Rom, eine unablässige Wiederholung von heißen Windstößen in vereisten Niederungen. Daß es so ist, ist eine Tatsache, aber auch Tatsachen sind eine Summe von Widersprüchen. Wenn man es genau nimmt, so ist Rom ausgehöhlte Melancholie, an deren Rändern sich Ruinen abzeichnen, barocke Fassaden, Karusselle von Brunnen, das Rauschen des Wassers und schwere Vorhänge von Platanen. Drinnen herrscht Schweigen, das jede Leidenschaft verdeckt und auslöscht. Dieses leere Rom läßt uns Gasponi mit seinen Augen sehen. Blaue Disteln vor dem Äquadukt des Claudius; Bärwurz an der Via Appia; die Schafherden und ihre Hirten, die noch dieselben zu sein scheinen, denen schon die Figuren in d'Annunzio's »Piacere« begegneten; die Katzen bei den Trojanischen Märkten; die Efeuranken und Steineichen auf dem Palatin; das Kolosseum von weitem gesehen, so als ob es sich schon auf dem Lande befände; rote Geranien über einem Mauervorsprung; ein nackter Junge im Brunnen der Bocca della Verità; junge Seminaristen vor der Engelsburg; der Artischockenverkäufer auf dem

Blumenmarkt und ein Melonenverkäufer vor dem Pantheon; die alten Leute auf der Tiberinsel; ein Junge, der hinter einer Mauer Verstecken spielt; die spanische Treppe mit regennassen Pflastersteinen; der kleine Kiosk im Vicolo del Piede, halbverdeckt von den Kletterpflanzen; Schmied, Scherenschleifer, Bäckerjunge und Stukkateure bei der Arbeit; Möwen, die vom Fluß her aufsteigen; die Sonne, die hinter der großen Kuppel der Peterskirche untergeht; alle diese Bilder tragen in ihrer behutsamen Zartheit eine melancholische Nostalgie in sich, die eigentlich keine Empfindung, sondern eine Art Philosophie ist. Das Eintauchen unserer Sinne und Gefühle in Unschlüssigkeit und einsames Leiden, das die Seele des römischen Volkes ausmacht. Die Naumachie, an den Wochenenden im August, gibt es nicht mehr auf der Piazza Navona. Die Abflüsse waren verstopft, die Gassenjungen und die Karossen der Patrizier bewegten sich hin und her in den Wasserpfützen bei den großen Brunnen unter dem sanften Antlitz von Sant'Agnese, das von der Höhe des Balkones der Basilika von Borromini herabsah, fast wie in einem Melodram. Es war ein großes Fest, ein altes und eher törichtes Vergnügen. Es gibt auch keinen Karneval mehr auf dem Corso. Hier wurden die Rennpferde zum Galopp angefeuert von der Porta del Popolo, dem Palazzo Doria bis zum Palazzo Venezia. Auch dies war ein törichtes, aber altes Vergnügen, voll von Klatsch und Ergebnissen erbitterter Kämpfe. Géricault malte ihn noch rechtzeitig und er malte ihn in düsterem Licht, wie in einem Schlachthaus.

All das ist verschwunden. Eine Lebensart ist verschwunden, und uns ist nur ein Echo geblieben, zitternd und herzzerreißend. Ein anderes Rom. Was sich an Anarchischem, Genüßlichem, Nichtchristlichem hartnäckig hinter dem narzistischen Pathos versteckt, hinter einer unerschütterlich jungen Zurschaustellung von Ge-

fühlen der Römer aus dem Volk (und das sind alle Römer), hat auch eine helle Rückseite in etwas Dämmerigem, in einem Hauch von Sinnlichkeit, die von verletzter Menschenwürde herrührt. Dies alles ist auch 1987 noch nicht verschwunden - es scheint wie ein Wunder. Solcherart ist das „leere" Rom, durch das uns Gasponi mit seinen bezaubernden Bildern begleitet. Nur das Licht des Sommers, mittägliche Blitze, die überfüllte Plätze leeren, nur die Windstöße der „Giannetta" oder der „Tramontana" schwingen im Bild und scheinen dieser „Geisterstadt" Wirklichkeit zu verleihen.
Es ist das Porträt einer überlebenden Stadt, das uns Gasponi mit viel Liebe und Einfühlungsvermögen vorstellt. Die Einfaltspinsel haben eine besondere Vorliebe für die alten Straßen, das Licht spielt gleichgültig, aber neugierig in den Falten der alten Frauen, die noch vor der Türschwelle sitzen; ein leises Staunen befällt alles, in einer ruhigen, reglosen Gesellschaft, und macht alles gleich, alten Marmor, alte Türme, alte Kuppeln, alte Katzen, alte Karren, alte Priester und bartlose Jünglinge, die schon mit der heiseren Stimme des Greisenalters sprechen.

ENZO SICILIANO

VOR DEN STADTMAUERN: DIE RUINEN UND DIE CAMPAGNA

Ein Rom, jenseits der Stadtmauern, ohne moderne Veränderungen, wollte die Kamera festhalten, ein freies Zwiegespräch mit der Natur und den Ruinen führen, doch wenn man das Objektiv nur ein wenig bewegt, erlebt man sofort den Alptraum einer Metropole.
In dieser Abgeschiedenheit vor den Mauern der Stadt hat sich noch jener ländliche Geruch erhalten, der schon für immer verloren schien, und Wiesenblumen blühen vor den Ruinen und Monumenten. Oder sind es die friedlich weidenden Schafherden, die einen Kontrapunkt setzen zu den Bögen der Aquädukte, den Überresten der alten Villen, dem Straßenpflaster der Via Appia Regina?
Besonders eine Ansicht spricht ganz klar ein Gefühl an, das über die Moderne hinaus besteht und direkt in das antike Rom zurückführt: Die Schafe an den Hängen eines Hügels, der den bläulich schemenhaften Umriß der Kuppel der Peterskirche halb verdeckt. Fast wie ein Bild gewordener Kommentar aus einer Stelle der Memoiren von Nino Costa, dem großen Maler und Patrioten zur Zeit der römischen Republik von 1849. Damals wurde Rom von den Franzosen belagert. Die meisten Einwohner hatten sich in den umliegenden Bergen in Sicherheit gebracht und fragten von dort Freunde und Verwandte nach Neuigkeiten aus der Stadt. Oft erhielten sie welche, oft auch nicht. Viel einfacher ließen sich die Vorfälle von den Hirten beobachten, die mit ihren Herden bis an den Ort des Geschehens zogen. So konnte der Hirtenjunge auf die Frage „Was passiert in Rom?“ auch sicher Antwort geben und dabei folgende „Bilder“ benützen: „Die Hütte steht noch“, damit ist die Kuppel gemeint, oder: „Der Oberhirte kehrt zurück“, der Papst ist im Exil. Mit einiger Nostalgie könnte man in diesen Bilderfolgen den Festkalender von einst wiederfinden, die Wanderungen der Römer vor die Tore der Stadt, in einer Zeit, als die Gaststätte der Vororte noch in den Weinbergen, in einem Artischocken- oder Bohnenfeld stand. Eine Lebensart von eher patriarchalischer Grundordnung, die aus Rom auch die uneingeschränkte Königin des Weines und der volkstümlichen Küche machte. Überall finden wir noch diese Bilder, die zum Glück erhalten blieben und die im Laufe der Jahre ihren Charakter als einfachen örtlichen Bezugspunkt verloren haben und dadurch zu einem ausschließlich römischen Bezugspunkt wurden: die zinnengekrönte Nomentano-Brücke über dem träge dahinfließenden Aniene; die Villa der Quintilier, deren Ruinen die Jahrhunderte und die Vernachlässigung durch die Menschen überstanden haben; das Stadion des Maxentius, fast wie eine Vormauer zum Grabmal der Caecilia Metella; eine riesige Wiese, die als mystischer Orchesterraum für dieses Mausoleum dient. Es kann nicht verwundern, daß es gerade diese Orte waren, die Chateaubriand zum Botanisieren einluden, den großen Vater und Sänger der römischen Campagna. Es gibt keinen namhaften Künstler, Dichter oder Schriftsteller, der nicht wenigstens einmal hier weilte und sich von den schöpferischen Elementen der berühmtesten Landschaft der Welt inspirieren ließ. Dazu gehören auch die Stimmungen des

Himmels. „Vous avez sans doute admiré dans les paysages de Claude Lorrain “ fragte Chateaubriand den Herrn de Fontanes, „Cette Lumière qui semble idéale et plus belle que la nature? Eh ben, c’est la lumière de Rome!“

Die Form und die Ziegelanlage verbinden die Nomentano-Brücke mit den Türmen der Porta Asinara, die vor einigen Jahren wieder in ihren ursprünglichen Zustand gebracht wurde. Eine großartige Konstruktion, betont durch den festungsartigen Charakter, die trotzdem den Goten unter ihrem Führer Totila nicht widerstehen konnte. Dafür wurde sie fast tausend Jahre später bestraft, als man die alten Kommandoräume durch die renaissancezeitliche Porta San Giovanni ersetzte. Trotzdem bringt sie weiterhin das Weiß des Travertins und die riesigen gestikulierenden Statuen an der Fassade der Laterans-Basilika in einen harmonischen Kontrast.
Es ist jenes archäologisch monumentale Rätsel, zumindest für den Laien, das auch das Grab der Scipionen umgibt. Ein eindrucksvolles Zeugnis, das uns aus dem republikanischen Rom erhalten blieb. Als das Grab gegen Ende des 18. Jahrhunderts wieder ans Licht kam, versetzte es ganz Europa in helle Aufregung. Vor allem Graf Alessandro Verro war es, der in seinen »Notti romane« (»Römische Nächte«) das Wort von der „Melancholie der Ruinen“ prägte, beeindruckt von der außergewöhnlichen Entdeckung.
Als Gegenpol dazu steht der Drusus-Bogen in klarer, einfacher Linienführung wenige Meter von den berühmten Scipione-Gräbern entfernt. Er scheint immer noch den Weg zu versperren und so die Menge zu behindern, die einst durch diesen Bogen auf die Via Appia strömte. Die mächtige, monumentale Struktur des Bogens wird gekrönt von einem Mittelstein, einem wirklichen Siegel für den architektonischen Ruhm von Rom.
An der Porta San Paolo sehen wir wieder andere Türme, andere Torbögen. Die „Ziegel“ machen den Hauptton in der Farbgebung Roms aus, und daneben die Pyramide des Cestius, in nur 330 Tagen errichtet, wie die Inschrift verrät, zum Ruhm und Andenken an den großen „Schlemmer“. Der erste Stock der Pyramide blickt beschützend auf den ältesten Teil des protestantischen Friedhofs, auch „nicht katholischer“ oder englischer Friedhof genannt. Ein kleines Stück Land innerhalb der alten Mauern, dessen Erhaltung für die Nachwelt erst durch diplomatische Finten erpreßt werden mußte. Damals lag das Fleckchen Erde noch sehr weit vom Stadtzentrum entfernt, wirklich weit vor den Toren wie der „Testaccio“ und die darunterliegenden „Wiesen des römischen Volkes“, auch sie waren von der weiten Campagna nur durch jenen alten Schutzwall getrennt.
Der Friedhof selbst ist wirklich ein romantischer Ort; John Keats liegt hier begraben und, etwas weiter an den Türmen der Aurelianischen

Mauer, Percy Bysshe Shelley, der seinem Freund 1822, nur ein Jahr später, hierher folgte. Eine kurze Zeitspanne, in der er jedoch noch »Adonis« schrieb, eine „Elegie für den toten Keats, dem Dichter von »Endymion» und «Hyperion«". So weiht nun der Dichter seine Dichtung dem Namen eines anderen Dichters und dessen Dichtung diesen Ort und die erhabenen menschlichen Erinnerungen, die hier gesammelt wurden. John Keats, so schreibt Shelley in seinem Vorwort, „starb in Rom an der Auszehrung in seinem 24. Lebensjahr, am 23. Februar 1821. Er wurde begraben in dem romantischen und einsamen protestantischen Friedhof jener Stadt, zu Füßen der Pyramide, dem Grab des Cestius, und jener mächtigen Mauern und Türme, die jetzt verfallen und verlassen sind, und die einst den Umkreis des antiken Roms bildeten. Der Friedhof ist ein offener Platz inmitten der Ruinen, im Winter geschmückt mit Stiefmütterchen und Margeriten; man könnte sich in den Tod verlieben allein bei dem Gedanken, an einem so stimmungsvollen Ort begraben zu werden."

Das Mittelalter brachte phantastische Formen hervor und gab den Dingen animalischen Ausdruck durch eine Wiederbelebung der heraldischen Embleme und Figürlichkeiten aus der Numismatik. In dieser unruhigen und leidenschaftlichen Symbolik erschien die Stadt Rom unter dem Zeichen des Löwen. Onorio d'Autun, eklesiastischer Schriftsteller aus der ersten Hälfte des 12. Jahrhunderts, bestätigte dies mit folgenden Worten: "Es war Brauch in der Antike, daß die Städte nach Ähnlichkeiten mit Tieren erbaut wurden, so daß Rom nach dem Vorbild des Löwen erbaut wurde. So wie der Löwe der Herrscher unter den Tieren ist, ist auch Rom das Haupt von ganz Italien."
Ein faszinierendes schematisches Stadtwappen. Das Tier schreitet mit erhobenem Schweif und weitgeöffnetem Rachen einher, Symbol der ghibellinischen Partei, wobei der Tierkörper von dem zinnengekrönten, turmbewehrten Grundriß der Stadt nachgebildet wird.
Seither sind über 800 Jahre vergangen und Rom hat diesen emblematischen Grundriß schon lange überwachsen. Man sieht es am besten aus der Luft, wenn sich die Stadt in ihrer Ganzheit ausbreitet mit dem schweifenden Band des Tibers, den grünen Flecken der Villen und Gärten, den baumbestandenen Alleen, den farblichen Abstufungen des Travertins, der Ziegelsteine, der Dächer, der bleiernen Kuppeln. Nach der Landung ist Rom aus der Nähe da, aus unterschiedlicher Perspektive, mit seinen hundert Seitenansichten, den tausend Kirchen, einem fast vollständig erhaltenen historischen Zentrum, einem etwas zu gebändigten Fluß, mit Monumenten, Palästen, Brunnen, archäologischen Zonen und Fußgängerinseln, in die der Verkehrslärm gedämpft hineindringt. All das wird zusammen mit der völlig ungeordneten, chaotischen Peripherie von der großen Umgehungsautobahn, dem „Grande Raccordo Anulare", umschlossen. Ein Asphaltband von ungefähr 70

Kilometer Länge, zweispurig, etwa 12 Kilometer vom Stadtzentrum entfernt, das die schnelle Verbindung zwischen den ehemaligen Konsularstraßen schaffen soll. Die Peripherie, auch die zwischen den alten Stadtmauern und der modernen Schnellstraße, ist randvoll mit Häusern, Fabriken und anderen Bauwerken. Deswegen muß man über den „Raccordo“ hinausgehen, wenn man heute in die Campagna gelangen will. Es ist eine Ausnahme, eine ganze große Ausnahme, wieviel Grün beiderseits der Via Appia Antica im Valle della Caffarella erhalten blieb, das wir bereits in herrlichen Aufnahmen bewundern konnten. Anblicke wie diese werden noch vollkommener wirken, ein bleibendes Erbe für alle, wenn der langersehnte archäologische Park der Via Appia Antica endlich verwirklicht wird.

◁1

2

3

C RABIRIVS POST L
HERMODORVS
RABIRIA
DEMARIS
VSIA PRIMA SAC
ISIDIS

5

6

7

8

11

12

DAS FORUM ROMANUM
UND DIE ANTIKEN TEMPEL

Die Redekunst hat auf diesem Mutterboden der römischen Welt wahre Seiltänzereien vollführt. An Tränen, die über die antike Grandezza und die Majestät der Ruinen vergossen wurden, ist nicht nur unsere Literatur reich. Die Mauern und die Torbögen; Rom, die Mutter untergegangener Reiche; Petrarca und Leopardi, und nicht zu vergessen Byron, der unvergleichliche Sänger der Ruinen. Betrachten wir diese Monumente jedoch mit distanziertem Blick und ohne Melancholie als hervorragende Zeugnisse anderer Jahrhunderte, als Ausdruck einer einmaligen, unwiederholbaren Kultur. Vor allen Dingen betrachten und genießen wir ihre Schönheit, dieses Unvollständige, Erlittene, Sprechende, das ihren Zauber nur noch verstärkt.
Sonnenaufgang über dem Forum Romanum. Eine rührende Szene, vielfältig und einzigartig zugleich, von einer beispiellosen Erhabenheit, aber auch von außergewöhnlichem Liebreiz. Im Morgengrauen kommt im Vordergrund ganz klar die Säule di Foca heraus, die dem Kirchturm von Santa Francesca Romana zu entsprechen scheint, voll im Licht, ohne jedoch die Masse des Kolosseums verbergen zu können. Links davon die Säulenvorhalle des Tempels von Antonius und Faustina und darüber die Fassade der Kirche San Lorenzo in Miranda. Auf der rechten Seite erscheint der Titus-Bogen als Ehreneingangstor zum gesamten Komplex des Forum Romanums. Ein Bogen wie aus einem Guß, der sich in einer anderen Ansicht mit den drei Säulen des Tempels von Castor und Pollux mißt, die seit langer Zeit als Symbol eines besonderen Roms gelten. Diese Säulen wurden so sehr bewundert und studiert, daß auch Giuseppe Sacconi, der Erbauer des Monumentes für Vittorio Emanuele, sie in gleicher Form für den Säulengang seines Bauwerkes übernommen hat.
In einer perspektivischen Verkürzung des Forums erscheinen der weiß schimmernde, rekonstruierte Tempel der Vesta und die Ausläufer des Palatin durch einen Seitenflügel des anderen Torbogens, der 203 n. Chr. genau unter dem Kapitol zu Ehren des Imperators Septimus Severus errichtet wurde. In der reichen bildhauerischen Dekoration finden sich im zerhöhlten Mauerwerk greifbar nahe die Begebenheiten dieses großartigen Monumentes in einem unmittelbaren Rückblick auf die Geschichte Roms. Von den verstreut liegenden, lorbeerumkränzten Gedenksteinen, von den Pflastersteinen der Via Sacra folgt das Auge den grünen Erhebungen des Forum Romanums auf den Palatin, von dort oben streift der Blick die darunterliegenden Ruinen, Bögen und Tempel und genießt die stolze, isolierte Gegenwart des Kolosseums, den feinziselierten Attikus des Konstantin-Bogens. Immer in einem unterbrochenen, fast verwunschenen Spaziergang inmitten von Grün. Ein Grün, dem das künstliche, neu erschaffene Grün hinzuzufügen ist, das einst an den Wänden der Villa Livia in Porta Prima erblühte, elegante Sträucher, Früchte, Blumen und Vögel, und ein leichtes Blau anstelle des Himmels. Bezaubernde Wanddekorationen, fast der Ursprung der Landschaftsmalerei, die dann aus ihrer gewohnten Umgebung heraus-

gerissen wurden. Sie sind heute in einem Saal des Römischen Thermenmuseums, in den Thermen des Diokletian, zu bewundern.
Von den verstreut im Forum liegenden Säulen und Altären ist der Übergang leicht zum Anblick eines anderen Altares, nicht nur durch die Wirkung der Bilder, dem des Gottes Mithras, den der Respekt vor einer ganz anderen Kultur und Religion in der Tiefe der Erde überdauern ließ, unterhalb der Kirche von San Clemente. Eine außergewöhnliche, kraftvoll beschwörende Umgebung, ein völlig erhaltenes Mithräum, in dem die Zeremonien und die Einweihung der Neugetauften in die Mysterien dieses orientalischen Kultes stattfanden.
Doch jetzt steigen wir wieder ins Freie, zum Rinderforum am Platz „Bocca della verità". Ein anderer Schauplatz der römischen Geschichte. Die Nähe des Tibers, die Tempel, die Kirchen, die Bögen, sogar der spätbarocke Brunnen von Bizzaccheri haben zu allen Zeiten aus diesem Ort, diesem weiten unregelmäßigen Platz, eine malerische „Vedute" gemacht. Wir kehren an anderer Stelle zurück, um die christlichen Gebäude des Platzes zu besuchen. Jetzt sind es die heidnischen Monumente, die hervorstechen. Der Bogen des vierköpfigen Janus; der Bogen der Geldwechsler, ganz in feinen Steinarabesken gehalten, an der Kirche S. Giorgio in Velabro; der runde Tempel der Vesta, sicherlich dem siegreichen Herkules geweiht und wahrscheinlich nur deshalb erhalten, weil er im Mittelalter in eine christliche Kirche umgewandelt wurde, erst San Stefano delle Carozze und dann Santa Maria del Sole; der andere, viereckige Tempel „della fortuna virile" (Tempel des männlichen Glücks), der ebenfalls dem christlichen Kult geweiht wurde als Santa Maria Egiziaca.
Die alles sind Bauwerke der Antike, bis auf das mittelalterliche Haus von Nicola de' Crescenzi; dieses Originalgebäude ist gekennzeichnet durch den strahlenden, architektonischen Ausdruck eines Mittelalters, das wir gemeinhin als finster ansehen. Diese Einzigartigkeit ist bedingt durch die Ziegelwände, die Dekorationen, die Friese und die lange Inschrift in leoninischen Versen: „Nicola, Herr dieses Hauses, wußte wohl, wie eitel der Ruhm dieser Welt ist. Dieses Haus zu errichten, trieb ihn nicht eitler Ehrgeiz, sondern der Wunsch, die Größe Roms wiederherzustellen".
Die vollendete Harmonie nach den Regeln der Klassik müssen wir jedoch in einem anderen Rundbau suchen, im Pantheon des Agrippa. Ein einzigartiges Bauwerk der römischen Architektur. Der Giebel, die moderne Inschrift auf dem Gebälk und die absolute Majestät des Innenraumes. Religiöse Architektur, Religion der Architektur. Der riesige Hohlraum der Kuppel, die Kassetten der Seitenflügel, das zentrale Auge, offen für Sonne und Regen, und das Kreuz der Kirche, die in den antiken, heidnischen Tempel einzog und als Santa Maria ad Martyres geweiht wurde. Die äußere Ergänzung bilden der zierliche Brunnen und der Obelisk auf dem Platz, die sich jedoch nicht mit dem Monument messen können und wollen, das uns unversehrt aus der Antike er-

halten ist.
Auch der Torbogen der Ottavia erinnert uns Stein für Stein an vergangene Zeiten, verschiedene Lebensrhythmen. Lange Jahrhunderte bildete er die Grenze zum Ghetto und ist heute tiefverwurzelt in seinem Stadtbezirk. Anderswo jedoch vermengen sich weiterhin alte und neue Elemente und heben sich gleichsam in einem gemeinsamen Parameter der städtischen Landschaft auf. So wie die Kuppel der Kirche del Santissimo Nome di Maria ganz nahe ans Forum des Nerva heranrückt; die brennende Lampe beleuchtet diese Träger des „Geheimnisses" von Rom.
Die Krönung dieses besonderen Vermächtnisses der Antike finden wir in der Statue von Marc Aurel, ein weltlich-künstlerischer Schwerpunkt auf dem Kapitol. Sie wurde hier aufgestellt, um den wunderbaren Platz von Michelangelo zu schmücken und hat seitdem alle glücklichen und schmerzlichen Stunden der Stadt miterlebt. Aber auch früher war die Statute mit dem Leben der Stadt Rom innig verbunden, als sie noch bis zum Jahre 1538 auf dem Lateransfeld stand. Von dort kamen nun Pferd und Reiter, um im Mittelpunkt eines Platzes zu stehen, der noch nicht ganz von den mittelalterlichen Strukturen befreit war, und in ihrem Beisein begann ein architektonisches Wunder Formen anzunehmen; entworfen und begonnen von dem großen Künstler Michelangelo, und von seinen Nachfolgern zu Ende geführt.
Das Pferd im Mittelpunkt des sternförmigen Anlage ist eine Einrichtung des römischen Alltages, ein gebieterischer Wächter über die städtischen Abläufe auf dem Kapitol, und somit das Zeichen einer römischen Wirklichkeit, die beinahe in das Wesen des S.P.Q.R. (Senatus Populusque Romanus) übergeht. Denn es bedeutet mehr als jene Buchstaben, ist ein zugängliches Symbol der Stadt und ihrer Bewohner, ihrer Begeisterungen, ihrer Schicksalsschläge. Jahrhundertelang ein direkter Zeuge, oft genug sogar Hauptperson.
Wird bei dieser Statue das Gold sichtbar werden, wie man sagt, oder nicht? Das Volk glaubt, so schreibt Belli in seinem Sonett »Campidoglio«, daß „diese Reiterstatute von Marc Aurel Gold enthält, das unter dem Einfluß der Atmosphäre langsam freigelegt wird. Es sind die Reste einer antiken Vergoldung, die an den besser geschützten Teilen der Statue erhalten blieben. Und wenn alles Gold ans Licht kommt, dann wird das jüngste Gericht anbrechen." Inzwischen wurde Marc Aurel im Januar 1981 aus dem Sattel gehoben und zusammen mit dem Pferd einer gründlichen Restaurierung unterzogen.

◁16

17

18

19

20

21

22

23

24

25

26

M·A RIPPA·L·F·COS·TERTIVM·FECIT

L·F·COS·TERTIVM·FECIT

32

ANGELI IN
ORO PISCIVM
N II

38

DIE CHRISTLICHE STADT

In dieses „andere Rom“, das um jeden Preis die Folgeerscheinungen der Mechanisierung und anderer moderner Übel samt den entsprechenden Erschütterungen und Beeinträchtigungen übersehen will, fügt sich ideal die „Ebene des christlichen Beitrages“ ein. Dieser rote Faden beginnt bei der christlichen Gesellschaft, die in einer unterirdischen Welt im Herzen des kaiserlichen Roms leben mußte. Die Katakomben, heute noch Gegenstand der Verehrung und Anbetung, sind einer der Schwerpunkte der Sehenswürdigkeiten, die die Stadt dem internationalen Tourismus bieten kann. Kilometerlange unterirdische Gänge (cryptae), in deren Wänden sich lange Reihen von Grabnischen (loculi) oder Bogennischen (arcosoli) öffnen, häufig unterbrochen von kleinen Grabkammern (cubicoli) oder größeren Räumen und oft auch von unterirdischen Kirchen, die zum großen Teil direkt in den Tuff gehauen sind. Die Katakomben von San Sebastiano, Domitilla, Callixtus, Priscilla und viele andere finden sich überall verstreut längs der alten römischen Straßen.

Nach dem Untergang des Römischen Reiches wird das Kreuz in jenen Ruinen heimisch und in den Bauwerken der Vergangenheit aufgestellt, die nun einer neuen Bestimmung zugeführt werden. So entstehen die ersten Kirchen, die ersten Basiliken, bis die christliche Kunst unabhängig wird und ihrerseits Meisterwerke hervorbringt, die einen Vergleich mit der Antike nicht zu scheuen brauchen.
Kirchen, eine Überfülle von Kirchen, oft unter dem Antrieb des persönlichen Stolzes erbaut, einem sehr weltlichen Geist des Nacheiferns und Ehrgeizes. Man braucht nur an einem beliebigen Punkt des alten Zentrums stehen zu bleiben und sieht dann eine, zwei, drei, vier, ja fünf Kirchen. Kirchen, die eine richtige Typik von Kirchtürmen gegen den Himmel richten. Vom größten Kirchturm von Santa Maria Maggiore bis zum kleinsten, dem von San Benedetto in Piscinula. Und einige andere Kirchen, die, wie wir später noch sehen werden, ihre Kuppeln im Panorama von Rom verankern. Eine städtebauliche und ganz und gar römische Erfindung mit den wesentlichen Bestandteilen: eine Säulentrommel und darüber die Kuppelhaube. Diese wird durch eine Laterne geschlossen, die ihrerseits in einem Giebel endet, auf dem stets eine Kugel, ein heraldisches Zeichen des Papstes oder eines Kardinals, und das Kreuz aufgesteckt wird. Von dort fällt dann der fadenförmige Aufbau der Blitzableiter herab.
Die größte Kuppel ist jene, von Michelangelo errichtete, auf dem neugestalteten Tempel des Vatikans (Tempio Vaticano). Kuppel und Kirche des Petrus bilden eine unzertrennbare Einheit, auch wenn sie von den ursprünglichen Projekten abweichen und die Kälte der heutigen Kirchenschiffe die zerstörte Basilika bedauern läßt.
Der achte Hügel von Rom, so wurde die Kirche wegen ihrer harmonischen Größe genannt. Die Kuppel von Michelangelo hat seither einen außergewöhnlichen Zauber ausgeübt. Friedrich Schiller hat sie nie ge-

sehen, aber er besang sie trotzdem in seinem Gedicht »Die Peterskirche«.

Robert Browning aber gelang es mit künstlerischem Geschick das Dach der Kirche zu durchdringen und ins Innere hineinzutauchen in einer stillen Weihnachtsnacht. Er sah und fragte sich: „.... was erhebt sich da gestützt von Pfeilern mit herrlichem Dekor; steht der wunderbare Tempel Gottes wirklich auf dieser Erde? Ausgemessen hat ihn das Zepter des Engels, der Stein für Stein die Ellen zwischen den Pforten von Neu Jerusalem gezählt hat und die Menschenkinder haben vollendet, was er gemessen hat, indem sie die Säulen in dieser Kolonnade anlegten wie geöffnete Arme, eine ewige Einladung, stets bereit, das Menschengeschlecht an die Brust zu drücken.... Was ist das für ein Gebäude mit der herrlichen Fassade, ganz mit Fresken ausgemalt, mit Gold verziert, mit Marmor anstelle von Ziegelsteinen, mit Edelsteinen geschmückt. Jetzt sehe ich: es ist kein Traum“ fährt Browning fort: “Es erhebt sich dort unten und es ist nicht so, wie ich es oft auf Bildern gesehen und davon in Büchern gelesen habe, daheim in England, viele Meilen von hier; mit Staunen erfüllt mich das Spiel dieser Brunnen, jeder einzelne erblüht zu einem musikalischen Baum, dessen Blüten wie ein schillerndes Gebet vor meinen Augen bei Mondschein in die darunterliegenden Granitbecken tropfen“.

In den letzten Tagen des alten und in den ersten Tagen eines neuen Jahres folgen die Römer einem unbezwingbaren heimlichen Ruf und bevölkern die gewaltigen Kirchenschiffe von Santa Maria in Aracoeli, die immer schon ihre Lieblings-Kirche war und es bleiben wird. Vielleicht macht die Lage hoch auf dem Kapitol diesen Ruf aus, aufgesetzt auf die Fundamente anderer Tempel, die hier zu Ehren anderer Götter errichtet wurden. Vielleicht, und das ist wahrscheinlich der ausschlaggebende Grund, weil man hierher einfach zurückkehren muß, wo die Legenden glaubhaft die grausamen Tatsachen einer 2000-jährigen Geschichte mildern. Wo Kunst und Religion gemeinsam strahlen und triumphieren durch die Werke der Kosmaten und von Benefial, Michelangelo, Bernini, Benozzo, Pinturicchio, Bregno und Sansovino. Diese jährliche Wiederkehr wird zum größten Teil bestimmt durch das Andenken an die großen Päpste, deren Embleme golden von der Dekke schimmern und das Andenken an die Feier des Sieges bei Lepanto. Sie bleibt vor allem verbunden mit einem Gefühl für das ereignisreiche, stürmische Mittelalter in Rom, das hier kurz zusammengefaßt wird. Große Erinnerungen, die gerade zum Jahreswechsel dazu einladen, zum Kapitol zu kommen und dabei gemächlich die Treppen hochzusteigen, die einmal 124 Stufen hatten, auf 19 Meter Länge aufgeteilt in 15 Abschnitte zu je 8 Stufen. Alle sind in Marmor von „antiker Pracht“ („grandezza antica“) wieder aufgebaut. Die gesamte Freitreppe wurde gleichsam als riesiges Exvoto ausgeführt nach der großen Pest vom 25. Oktober 1348, ein Werk des Lorenzo di Simone Andreozzi, dem „Fabricator di Roma“ aus der Region Colonna, wie die schöne, vulgärlatei-

nische Inschrift auf der Fassade der Kirche verkündet. Der Volkstribun Cola di Rienzo war der erste, der diese Treppe hinaufschritt und sie damit einweihte.
Während man langsam emporsteigt, bietet sich ein immer weiteres Blickfeld, eine Sicht, die immer reicher an Einzelheiten wird. Dann die Kirche selbst, die mittelalterliche Halle der römischen Volksvertreter mit der harmonischen Physiognomie des Innenraumes. In jeder Ecke spürt man eine häusliche, familiäre Atmosphäre. „Chacun y est comme chez soi“, würde Montaigne dazu sagen.
Auch in der Zeit von Weihnachten bis Dreikönig strömen viele Gläubige zur Kirche des Senates und des römischen Volkes wegen der berühmten Statue des Christuskindes, des Santo Bambino, das nach Abschluß der Feierlichkeiten von der höchsten Stufe der „Sonnentreppe“ aus Rom und die ganze Welt segnet.
Neben den Kirchen sind es vor allem die „Madonnelle“, wie sie einst genannt wurden, die die äußeren Zeichen einer bestimmten Religiosität setzen. Die Heiligenädikulä (Tempelchen) mit den Bildern der Madonna, die im Freien über einem Straßeneck wie zur Wache aufgestellt wurden. Einst waren es wirklich ihre Lichter, die den Römern halfen, sich im dichten Gewirr der Straßen, Gäßchen und Plätze zurechtzufinden. Diese Art der Madonnenverehrung, so schrieb man in der Mitte des letzten Jahrhunderts, ist echt und spontan im römischen Volk. Wohin man auch geht, ihr Bild heiligt den Ort. Ein religiöser Drang, unbewußt ausgelöst durch einen traditionellen Mechanismus, der oft zurückgeht auf uralte heidnische Bräuche. Hunderte dieser „Madonelle“ sind noch an ihrem Platz mit verblaßten Gestalten, dem Licht, das eigentlich nicht mehr gebraucht wird, der Konsole, dem kleinen Baldachin und dem glänzenden, strahlenden Barockrahmen. Der Cavaliere Alessandro Rufini erstellte seit dem Jahre 1853 ein „Verzeichnis der Marienbilder, die an den Gebäuden der erhabenen Stadt Rom angebracht waren.“ 1421 Bilder wurden in 14 Stadtvierteln gezählt, alphabetisch nach Straßen und Plätzen geordnet. Dazu kamen noch 1381 andere Gemälde und Skulpturen mit religiösem Charakter. Es brannten während der Nachtstunden vor diesen Heiligenbildern 1067 Lampen.
In seinen beiden Aufstellungen gibt Rufini sogar ein „Verzeichnis aller Gegenstände aus Gold, Silber oder anderem Material, die die beschriebenen Bilder zieren“. So gab es an den Mauern neben den Ädikulä als Exvoto „316 Silberkronen auf den Köpfen, 920 Silberherzen, die als Votivgabe aufgehängt wurden, 19 Goldohrringe, 9 Silbermünzen, 20 verschiedene Gold- und Silberstücke, 264 Korallenketten, 326 verschiedene Perlenketten, 20 Granatketten, 24 verschiedene Kronen“, insgesamt also 1928 Gegenstände.
Wir sehen diese und andere Gegenstände auch wirklich an den Heiligenbildern hängen, in den Stichen dieser Epoche von Thomas bis zu Pnelli. Eine zweite Aufstellung von Rufini behandelt die „angehängten Votivgaben an den beschriebenen Bildern.“ Diesmal sind es „56 Ge-

lübde auf gemalten Täfelchen, 14 Krücken, 9 Seidenurkunden, 10 Madonnenkleider, 10 Messer, 6 Dolche, 2 andere Waffen, 3 Haarbüschel"; insgesamt 110 Votivgaben.

◁40

41

42

44

45

46

47

48

REGVM GALLIAE MVNIFICENTIA ET PIOR ELEMOSYNIS
MINIMOR SODALITAS STRVXIT AC DD
PIVS VI PONT MAX

40

SANCTISS·TRINITATI·BEATOQ·CAROLO·BORROMEO·D·AN·SAL·MDCXL

S REGNI CAELORVM TV
C VNA FIDES

87▷

86

RENAISSANCE UND BAROCK

Rom wußte sich den verschiedenen Epochen anzupassen und hat sich auch heute noch lebendig erhalten; hat gewisse Charakteristika aus vergangenen Zeiten bewahrt, um sich so von den zeitgenössischen Großstädten zu unterscheiden. Eine Stadt, die sich wie keine andere zu einem Wanderweg der Gesamtschau eignet, vor allen Dingen „im Äußeren". Viele der Gebäude gehen auf die klassische Zeit zurück, tragen den Stempel des Mittelalters oder der außergewöhnlichen Renaissancekunst, aber die meisten der Gebäude sind irgendwie im Geiste des 17. Jahrhunderts zu Hause, eingebettet in einem barocken Rahmen.
Sie bilden so eine äußerst bewegte Umgebung, prunkvoll in Szene gesetzt mit Bäumen, Wassern, Treppen, Säulen, Obelisken und weiten Plätzen, die sich wie Muscheln öffnen. Dazu muß man Rom erwandern, um von verschiedenen Standpunkten aus jeden Ort, jedes Monument bewundern zu können. Denn jede perspektivische Verkürzung unterscheidet sich von der anderen, und jeder Winkel hält ungeahnte Überraschungen bereit: Eine Baumkrone, die sich unvermittelt von einem Haus abhebt; eine Kuppel, die sich hinter einem Horizont von Häusern erhebt; eine Ruine, die unerwartet in einen Platz eindringt. Die Schönheit von Rom liegt ohne Zweifel in der riesigen Formenviel falt, in den ursprünglichen Betonungen einer einzigen Physiognomie, aber auch in dem Aufeinandertreffen, von morgens bis abends, von immer neuen Formen, Farben und Lichtern. Das »Lumière« von Poussin, dem lothringischen Maler, erklärte schon Chateaubriand „als eine außergewöhnlich harmonische Farbe, die Erde, Himmel und Wasser verbindet. Alle Oberflächen treffen sich, ohne daß man genau den Punkt feststellen könnte, an dem die eine Fläche aufhört und die andere beginnt."
Von den Aussichtspunkten in der Stadt, die auch Standpunkte für dichterische Werke waren, kann man diesem langsamen Wechsel von Licht und Farbe zuschauen und die Schwingungen des Tages wahrnehmen, der sich auflöst über einem Panorama, beherrscht von der Kuppel der Peterskirche und den kleineren Kuppeln, die wie halblaute, aufgesetzte triumphale Noten einer majestätischen Partitur scheinen. Diese großen und kleinen Kuppeln aus Renaissance und Barock, vom Pincio aus gesehen, haben zu allen Zeiten Dichter und Künstler aus der ganzen Welt beflügelt und begeistert. Eine schöne und rasche Auswahl.
Eine Laune des Barock, des genialen Barockkünstlers Bernini, läßt die Barke auf dem Spanischen Platz, am Fuße des Pincio, gleichsam auf Grund laufen. Hierher quergestellt mit den weichen Rändern der strahlenden Sonne und den beiden Massen im Becken, die zum Wasserhahn führen. Ein Spiel, ein Maß, eine Harmonie, die vom Wunderwerk der Kunst zeugen. Dieser erlesenen Laune scheint nur wenig weiter das Brausen und Rauschen des Trevi-Brunnens zu entsprechen. Dieser letzte große Brunnen des Barocks, in vielen Gedichten und Gesängen gepriesen, ist durch sinnbildliche Ketten ganz eng an Rom genunden. Ein verblüffender Anblick voller Statuen und Friesen. Nicola Salvi er-

baute den Brunnen an der Fassade des Palazzo Poli. Ein Triumphbogen an einem Renaissancebau. Diese Mischung ist perfekt gelungen, und das Wasser verleiht der außergewöhnlichen Schöpfung eine dunkle Stimme in harmonischer Nachfolge von Orgelpfeifen.
In dieser äußerst glücklichen Zeit für die Kunst, für die städtische Entwicklung von Rom, entsprechen die Brunnen; große, kleine mit einfachen Becken oder mit szenographischen Monstern. Es erheben sich wieder die Obelisken, die die Römer aus Ägypten mitgebracht hatten, um damit ihre Bauwerke zu schmücken, die Eingänge zu den Mausoleen und den Zirkusarenen. Die großen Prachtstraßen werden gebaut, von der Via della Lungara jenseit des Tibers bis zur Via Giulia, der Hauptschlagader des renaissancezeitlichen Roms, die gestaltgewordene Verwirklichung eines schwärmerischen Traumes von Papst Julius II. Die Verkörperung der dichterischen Vernunft, der "ragion poetica", der römischen Straßen. Ein Cantus firmus, oftmals klagend im Gewebe, das mehr oder weniger von der Stadt verseucht wurde, da und dort von schlimmen Dissonanzen erniedrigt, wie von dem andauernden Anblick des großen Hotels auf dem Monte Mario, das vollkommen in der Mittellinie der Straße liegt. Als Ausgleich dazu ist die Via Giulia heute geschmückt von den Schaufenstern erlesener Antiquariate.
Was die großen Straßen angeht, so darf man jedoch nicht die anderthalb Kilometer des Corso vergessen, die längste und bekannteste Straße überhaupt. Die schönste Straße des Universums, so hat sie Stendhal genannt. Und schon 10 Jahre zuvor hatte er von einer „rue magnifique étroite et remplie de palais" gesprochen. Der Corso beginnt bei der Piazza Venezia, dreht fast irritiert dem Viktorianischen Denkmal (Ara populi) den Rücken und verläuft dann gerade nach Norden. Dabei bildet er eine Art Wasserscheide zwischen den Stadtvierteln, bevor er mit der Leichtigkeit und symmetrischen Schönheit eines geblasenen Glases in die beiden Schleifen der Piazza del Popolo einmündet. Der Corso oder die Via del Corso, wie sie üblicherweise genannt wird, gilt als die unbestrittene Königin der römischen Straßen. Die Anlagen, die sie nicht nur gedanklich mit der Straßenführung der antiken Via Lata verbindet, ist noch in mehreren Schichten im Untergrund erhalten und schreibt ihr auch hier eine absolute Vorherrschaft über alle anderen Straßen zu. Es handelt sich dabei um den Prototyp eines Corso, auf dem während des Karnevals für lange Jahrhunderte das Rennen »dei Barberi« abgehalten wurde. Wilde Pferde ohne Reiter jagten von der Piazza del Popolo bis unter das Kapitol.
Zu jener Zeit entstanden harmonische Gegensätze, als so hervorragende Künstler wie Bernini, Borromini, Pietro da Cortona tätig waren. Zum Beispiel der „Pulcin della Minerva", der kleine Obelisk auf dem Rücken des Elefanten von Bernini, der sich unbekümmert von der strengen Fassade der Minerva abhebt; oder die steinerne Blume, die auf einem der großen römischen Brunnen blüht, der mit Baumaterialien aus den Thermen des Caracalla errichtet wurde und jetzt auf der

Piazza Farnese steht. Der Meeresgott, ein stämmiger Bursche, lichtumflutet, mit Goldstaub bedeckt, zeigt weiterhin seine Nacktheit der Sonne und bläst Wasser gen Himmel, ohne den Betrachter auch nur eines Blickes zu würdigen. Es entstehen Kunstwerke, die in ganz Europa als Vorbild dienen, wie die abgestufte, streng rationale Architektur der Freitreppe am Porto di Ripetta, die jedoch durch den Passaggio del Lungotevere für immer zerstört wurde. Die Treppen und Terrassen der berühmten Spanischen Treppe auf dem Spanischen Platz, von Blumenständen geschmückt, zeitweilig von Azaleen überschwemmt, von dem roten Haus bewacht, in dem John Keats starb, mit dem Obelisk am oberen Ende der Treppe vor der malerischen Fassade der Kirche.
Aber der Triumph des Barock, schon vorgezeichnet in einem Lageplan aus der Antike, verkörpert sich in der Piazza Navona. Die schönste „Umgebung" in Rom, wie man sagt, die man von den Fenstern eines Palazzo aus bewundert. Von dort aus nach Norden betrachtet, läßt die Piazza Navona vor allem bei Sonnenschein die Schwingungen des Himmels auf den Häuserfassaden und in den Brunnenbecken widerspiegeln. Ein Geschenk an die Menschen, diese zauberhafte, stimmungsvolle Umgebung.
„Cette d'Agone est la plus belle et longue de Rome" hatte François Rabelais schon festgestellt, als er über die Plätze sprach. Diese Vorherrschaft wird mit frechem Lokalpatriotismus in dem bekannten Sonett von Belli bestätigt: Se po' fregà Piazza Navona mia / e de san Pietro e de Piazza-de-Spagna. / Questa non è una piazza, è una campagna. / Un teatro, una fiera, un'allegria.
Heute ist der Platz Fußgängerzone, die nicht nur zum Weihnachtsmarkt besucht wird, der vor einigen Jahrzehnten von der Piazza San Eustachio hierhergezogen ist. Größere Einsicht in die Entwicklung dieses einzigartigen Formenmusters im städtischen Erscheinungsbild, das keine Gewöhnung duldet und bei jedem Blick neues Erstaunen und Vergnügen verspricht, hat dies veranlaßt.
Das Band der Häuser am Rande des Platzes gibt fast genau den inneren Umkreis und gewissermaßen auch den äußeren Umkreis jenes Stadions wieder, das Domitian im Jahre 86 n. Chr. errichten ließ und das von Septimus Severus renoviert wurde. Nach dem Untergang des Römischen Reiches verwandelte es sich, wie die anderen Bauwerke der Antike, in eine gewaltige Masse von Marmor, Travertin und Ziegelsteinen, die den Menschen über Jahrhunderte hinweg als Steinbruch diente. Dann nahm der Erdaushub städtische Züge an. Im Jahre 1485 wurde der Platz mit Backsteinen belegt, im Jahre 1588 gepflastert, und nach den Agonen, den gymnastischen Wettkämpfen, wurde er Campus Agonis, Agon, Agones genannt, in Verballhornung Navone und schließlich Navona, wohl auch um die formale Annäherung an einen Zuschauerraum und einen Schiffskörper herzustellen. Stadion und Platz bestehen noch lange Zeit nebeneinander. „Navone, dove si giostra e fassi altre feste", notierte Rucellai zum Jubiläum von 1450 „con

gradi dove il popolo può stare a vedere". Feste, die den Geist des Platzes ausmachen, angefangen beim „Lago", den Märkten von Hl. Drei König, den Seiltänzern, den verschiedensten Festlichkeiten, dem Wettspiel der Saraszenen; mit Handwerksläden, Gasthöfen, Weihnachtsbuden und Hippieverkäufern. All das ein Schauspiel, ein Bühnenbild, das Maler und Graveure begeistert.
Und in diese Arena waren schon Bernini, Rainaldi und Borromini getreten, um Kunstwerken zum Leben zu verhelfen, wie dem Vier-Ströme-Brunnen, anstelle eines bescheideneren Brunnens, der die weite Fläche des Platzes auffällig betont und dem gewaltigen Tempel von Sant'Agnese in Agone mit kostbarer Fassade, Kuppeln und Türmen an der Westseite des Platzes, die in ihrer Struktur bis heute völlig einheitlich geblieben sind. Überwältigende Zeichen, an die wir uns schon lange gewöhnt haben.

91▷

90

Meros
A

CRONACA DI ROMA
«Signori, venghino, venghino»
BIBITE

113

114

INVICTAE
MAGNO FORTVNAE
LVDIBRIO
VBIQVE VICTOR
INDIGNO VITAE
EXITV
CARVIT
INVETERATAE
PRVDENTIAE
DVX
CVNCTANDO
AETERNAE VRBIS
MARTIVM
BELLO

PEMBRIACO DOMENICO
NON POTABILE

SALONE

MEDICO
VETERINARIO
LETTINI
CARROZZINE
GIOCATTOLI

OBELISCO PANFILIO
INNOCENTIO ·X·
CAVALIER

GIACOMINO

DER FLUSS, DIE BRÜCKEN, DIE INSEL

Im Herzen der römischen Region verläuft die Schlagader des Tibers. Breit und träge, mit vielen kleinen Verästelungen, Kanälen und Gräben, außer den bekannteren und vor der Stadt gelegenen Flüßchen des Aniene oder des Teverone. Der Fluß spielte den Bürgern der Stadt Rom in der Vergangenheit einige üble Scherze; er stieg über die Ufer, wann immer er wollte, oder die Regenfälle ließen ihn überlaufen. Und doch wurden die Auswüchse des launenhaften Vaters Tiber trotz des Schreckens der baldigen Wiederholung sorgfältig in sogenannten „Hochwasserständen" festgehalten.

Das sind Marmortäfelchen, mit viel Geschmack gestalte, die die dramatischen Umstände ihres Entstehens fast verdrängen, oft noch launenhaft anreichern. So zeigt ein Zeigefinger den erreichten Hochwasserstand an; ein kleines Schiffchen schwimmt auf einem anderen Hochwasserstand und viele Zeilen in Latein oder Vulgärlatein kommentieren die Ereignisse.

Nach genauen Anweisungen wurden sie angebracht: an der Straßenekke der Minerva, an der Fassade der Kirche, wo man sie heute noch sieht; an der Engelsburg; an der Straßenecke von der Dogana di Ripa Grande, die es seit langem nicht mehr gibt. Doch das älteste Täfelchen befindet sich unter dem Arco dei Banchi und datiert in das Jahr 1276 oder 1277. Die anderen sind über die Zeit hin gestaffelt bis zu dem unheilvollen Dezember mit der Überschwemmung an der Porta Pia, der nun gleichförmige Schildchen in fast allen Straßen und Plätzen hinterließ. Nach jenem schrecklichen Jahr 1870 wurde der Fluß eingedämmt, ein für alle Mal. Mit vorsorglichen und häßlichen Mauern. Trotzdem blieb er ein bestimmendes Element für den Zauber von Rom, wie er es bereits in den Jahrtausenden der Geschichte war.

Eine Stadt, die vom Fluß abhängt, so wie auch der Fluß seinerseits nicht ohne die Stadt auskommt. Was wäre denn der Tiber ohne den gewaltigen Poller, einzigartg auf der Welt, wie ihn die Engelsburg darstellt? Vor dem sich sogar die Strömung in einem Ehrenwirbel zu verlangsamen scheint.

Mußte man nicht schon mit jener Statue des Tibers rechnen, eindeutig männlichen Geschlechts, hingestreckt auf dem Füllhorn, die Wölfin mit ihren Jungen neben sich? Der Tiber als Göttermythos, weil das Leben der Römer selbst dort begann, in fernen Zeiten, direkt bei den Zwillingen, die in einem Korb zur Welt kamen, von den mitleidigen Fluten des Vaters Tiber geschaukelt.

Gewiß, der Tiber war nie und wird nie das sein, was die Themse für London, die Elbe für Hamburg, die Seine für Paris ist: Sitz eines großen Fluß- und Seehafens. Auch deshalb, weil es den würdevollen, großartigen Ansichten des Tibers aus dem 16./17. Jahrhundert nicht gelingt, das Gehabe eines „häuslischen" Flußes zu verbergen, in seinem Lauf durch die Stadt zwischen Engelsbrücke und Ponte Santa Maria, der zukünftigen Ponte Rotto.

Eine Flußansicht, die auch die berechtigten Vorstellungen aller derer enttäuschen kann, die zum ersten Male die Ufer sehen, voll von klassischen Andenken. Aber die Römer waren da immer anderer Meinung. Mit ihrem Fluß lebten sie in tagtäglichem familiären Umgang in einer Art Symbiose, und bis zur Jahrhundertwende tranken sie noch das Wasser des Tibers, ein in jeder Hinsicht ausgezeichnetes Trinkwasser. Doch kommen wir zu den Brücken, den wahren Primadonnen des Tibers, die sogar der vornehmen Insel von San Bartolomeo gegenüber gleichgültig bleiben. Die übrigens, ohne ihre Hilfe, völlig isoliert inmitten des Stromes läge, gerade dort, wo er zu allem Überfluß noch eine starke Strömung hat.

Die letzte Brücke ist die der Metropolitana und wenn man sie so hervorstechen sieht, weit über den Strom gespannt, erscheint sie fast als Eindringling. Auch wenn man sie, an das Mauerwerk des Freiheitsplatzes gelehnt, fast in iener Ansicht à la Roesler-Franz unterbringen könnte, zwischen Bäumen und Hecken an den noch nicht begradigten Ufern. Es gibt jetzt 30 Brücken in der Stadt Rom. Im Jahre 1870 dagegen waren die Brücken in Rom fast an den Fingern einer Hand abzuzählen. Ponte Milvio, die Engelsbrücke, jene eiserne Hängebrücke, auf der man Zoll zahlen mußte, Ponte Sisto, die zwei Brücken zur Tiberinsel, Cestio und Fabricio, und Ponte Rotto, die mit entsprechenden Eisengerüsten provisorisch die beiden Ufer verband. Und weiter im Tal die Eisenbahnbrücke der Linie Rom-Civitavecchia, mit einer Hebebrücke in der Mitte für den Schiffsverkehr.

Bis damals leiteten sich die Brückennamen von Namen der örtlichen Umgebung ab, außer der Brücke, die nach Papst Sixtus IV. benannt wurde. Das Glücksgefühl der nationalen Einheit im Jahre 1870 gab hingegen ganz andere Namen: Mazzini, Garibaldi, Cavour, Risorgimento. Ein anderer Teil wurde für das Herrscherhaus Savoyen reserviert: Vittorio Emanuele, Umberto I., Königin Margherita; später dann dem Hause Aosta. Erst sehr viel später nahm der Einfluß der lokalen Namen wieder zu, bei den neuen Brücken Palatino, Sublicio, Testaccio und Flaminio.

Hier sind bei weitem nicht alle Brücken über den Tiber aufgeführt. Es fehlen die Eisenbahnbrücken von Rom-Nord bei Monte Antenne; die in der Nähe gelegene Brücke Tor di Quinto über der Straße des Foro Italico; die andere Eisenbahnbrücke der Linie Rom-Pisa, stromaufwärts bei der päpstlichen Brücke „dell'industria", die heute nur noch eine Straßenbrücke ist, und weiter flußabwärts Ponte Marconi, Ponte della Maghiana, di Mezzocamino, della Scafa. Eine Strömung, die halblaut das Echo der Begebenheiten und Legenden von Rom und vom Tiber hören läßt. Wie wenn der Fluß, duckmäuserisch und gelblich-trübe, dahinflösse und über die Ufer stiege, um die Jahrhunderte der Geschichte aneinanderzureihen, wobei die Brücken die Schleusen bilden, die den Fluß der Geschichte aufhalten und ihn wenigstens für einen Augenblick um sich drehen lassen. Erinnerungen an vergangene Größe, belegt durch die Ruinen aus fast jeder Epoche im Flußbett oder an

seinen Ufern.
Der Tiber hat in Rom sogar eine Insel, die Tiberinsel oder Insel San Bartolomeo oder Insel des Äskulap, Heilige Insel oder Lykaonia, Inter duos pontes oder Villa dei Languenti. So viele Namen für eine einzige unersetzliche Ansicht, die das städtische Band des Flußes belebt. Was wären Rom und der Tiber ohne dieses natürliche Element, seinerzeit ein beliebtes Objekt für Maler und heute noch ein idealer Hintergrund für Fotografen und Regisseure. Wie auch Paris und die Seine verarmen müßten, würde man sie der „Île de la Cité“ und Notre-Dame berauben.
Obwohl wesentlich kleiner als die große Pariser Insel, ist die Tiberinsel ebenfalls äußerst stimmungsvoll, eingehüllt von den Schatten der Geschichte, von mythologischen Geheimnissen. Ihre Entstehung geht in die Zeit zurück, als die Tarquinier verjagt wurden. Voller Haß schnitt das Volk das Getreide in ihren Besitzungen auf dem Marsfeld und warf es in den Fluß. Eine Sandbank hielt es unter dem Kapitol auf; die Strömung tat das ihrige dazu, und es bildete sich mit anderen Materialien zusammen die ursprüngliche Masse, bis es die Römer zu einem gegebenen Zeitpunkt für notwendig hielten, das Inselchen zu erweitern und durch künstliche Anlagen zu befestigen.
Viel später dann bekam die Insel Seitenbefestigungen aus Travertin und hatte die Form eines Schiffes; in Erinnerung an jenes Schiff, das die heilige Schlange von Epidaurus gebracht hatte. Hier stand dann auch ein Tempel des Äskulap, vielleicht genau an der Stelle, an der später die Kirchc San Bartolomeo errichtet wurde. Doch bald holte die Insel die Ruder ein und blieb durch die Brücken Cestio und Fabricio, die heute noch existieren, für immer mit den beiden Ufern verbunden. Als erste wurde die Brücke Fabricio auf der linken Seite errichtet, die einzige Brücke des alten Roms, die uns bis heute unversehrt in ihren Strukturen erhalten blieb.
Von der Römern heiß geliebt waren die Fatebenefratelli, ein familiärer Landeplatz. Vielleicht war die Insel noch familiärer, bevor die Restaurierungs- und Erweiterungsarbeiten am Krankenhaus den größten Teil der Insel einnahmen. Es gibt eine schöne Kirche San Giovanni Calibita genau vor einer anderen, sehr alten Kirche, die einst der Sitz und Stolz der Universität dei Molinari war. Es gibt auch den Turm der Caetani, heute mit einer römischen Trattoria, der immer noch über den Eingang zum Ponte Quattro Capi wacht.
Die Insel hat im Laufe ihr langen Geschichte stets in tausend Gefahren gelebt, die die beiden Flußarme mit sich brachten. Das schrecklichste Unglück ereignete sich bei der Überschwemmung im Jahre 1900, die auch schwerste Schäden an den eben fertiggestellten Uferbefestigungen des Trastevere anrichtete. Die Überschwemmung hatte sich bei der Cestiusbrücke eine richtige Bresche geschlagen, und ein langes Stück des Eindämmungssystems war zusammengebrochen, zur Freude von Fotographen und eines Filmliebhabers, dem es gelang, diesen schicksalhaf-

ten Augenblick im Film festzuhalten.
Es wurde Alarm gegeben und eine Kommission einberufen, die die Ursache der Hochwasserschäden feststellen und entsprechende Gegenmaßnahmen vorschlagen sollte. Die Sachverständigen tagten und beschlossen unter anderem, die Tiberinsel untergehen zu lassen und so die beiden Flußarme wieder zu einem Flußlauf zusammenzuführen. Auch das, was vom Ponte Rotto übriggeblieben war, sollte abgerissen werden.
Diesen drastischen Hilfsmaßnahmen widersetzten sich jedoch die Bürger und das Parlament, und die neuerliche Bedrohung der Insel konnte abgewehrt werden. Der Ponte Sisto trägt jedoch immer noch einen „Bußgürtel" aus Zementquadern, die in jenen Tagen der Panik angebracht wurden, um das Gewicht des harmonischen Bauwerkes aus dem 15. Jahrhundert zu erhöhen. Bis heute ist es ihm noch nicht gelungen, sich von dieser Last zu befreien.

136

◁135

PAVLVS V PONT MAX

Revolution

REDVX RECEPTA PON
TIFEX FERRARIA
NON ANTE TAM SVPERBI
HVCVSQVE TYBRIDIS
INSANIENTES EXECRA
TVR VORTICES
ANNO DÑI M·D·XCVIII
VIIII·KAL·IANVARII
ANNO DÑI·M·D·XXX
OCTAVO IDVS OCTOBRIS·PONT
VERO SANTISSIMI DÑI
CLEMEN PAPE VII ANNO VII
HVC TIBER ASCENDIT IAMQ
OBRVTA TOTA FVISSET
ROMA·NISI HVC CELEREM
VIRGO TVLISSET OPEM
QVARTVS·IN·ANNO
TERNO EIVS·RECTOR MAXIMVS
ORBIS·ERAT

144▷

VERMETTA

S. IOANNES DE DEO
CORPVS

149

151▷

150

DAS LEBEN IN DEN ALTEN STADTVIERTELN

Die Begegnung mit Rom ist nicht immer leicht und direkt. Es gibt eine römische Redekunst, die aus alten Begebenheiten längst vergangener Zeit schöpft, deretwegen der Reisende sich bei seinem ersten Kontakt zeitweilig mit der gleichen Verwunderung vor dieser Stadt befindet wie ein Kind, das zum ersten Mal das Meer sieht. Dort ein natürliches Element, das verzaubert und erschreckt; hier die Wellen der Jahrtausende von Geschichte, Brauchtum und Lebensrhythmen. Die Dichter haben sich zu jeder Zeit begeistert, wenn sie mit dieser außergewöhnlichen Dimension in Berührung kamen. Byron fand in Rom die Stadt der Seele, „the City of the Soul", Gogol fühlte sich hier dem Schöpfer viele „Werste" näher und doch triumphierte Rom jenseits aller dieser romantischen dichterischen Begegnungen in der Einfachheit.
Stendhal, scharfsinnig und tiefgründig, trieb jahrelang einen modernen Dialog mit einer Vorstellung von Rom, mit der römischen Welt, ohne sich davon einbeziehen zu lassen.
Und auch die Weisheit und der Stil von Montaigne, dem „römischen Bürger", waren geprägt vom harmonischen Gleichklang, gestern gültiger als heute, der beiden charakteristischen Elemente des römischen Panoramas: Rosen und Kohl, oder wie man sagt: Schönheit und Wahrheit, Geist und Materie.
Versuchen Sie nicht, den gesamten Horizont zu umspannen, das versunkene Szenario der ewigen Stadt. Sie würden untergehen. Es genügt eine „Kulisse", um gleichermaßen die Größe der Metropole zu enthüllen oder die Belebung eines Bühnenhintergrundes, um die Originalität eines geistreichen Vollbürgers zu prüfen. Entdecken Sie diese „Kulissen" mit der Neugierde des gebildeten Touristen, der es müde ist, immer nur auf ausgetretenen Pfaden zu wandeln und der die Besuchsprogramme der Reisebüros mit persönlichen Initiativen und Adressen anfüllen möchte. Einmal müde geworden vom Verkehrsgetriebe, was ja schnell geschehen kann, retten Sie sich in eine Fußgängerzone. In die Piazza Navona, nach den Träumen der Künstler wiederaufgebaut, in die Fußwege, Alleen, in die Piazza Santa Maria in Trastevere, die lebhaft zum Charakter eines autonomen, kampflustigen Stadtviertels beiträgt, oder in die Piazza Margana mit ihrer Skulpturenschau unter freiem Himmel. Plätze, auf denen im Sommer unweigerlich die Tische der typischen „Trattorie" zu finden sind, eine andere Art, um sich zu retten, allerdings gegen Bezahlung.
Eine noch wenig bekannte Minifußgängerinsel bildet die Engelsbrücke, begrenzt durch die Travertinpfeiler, die die beiden Zufahrten blockieren. Mit dem direkten Blick auf das Mausoleum des Hadrian, das berühmte Kastell von Alexander VI. und Leo X., von Tosca und Cavaradossi; unter den Blicken der Engel der Leidenschaften des Bernini, den „heiligen", manchmal trübgewordenen Tiber zu Füßen, hat man hier einen wunderbaren Rastplatz gefunden.
Die geringe Fläche zwischen Himmel und Fluß bildet ein kleines Paradies, und für die Fotographen einen einmaligen Rahmen. Wenn wir

dann den Blick weiterschweifen lassen, gibt es ein neues Paradies zu sehen, eine andere Fußgängerinsel: der Platz vor dem Kapitol, das weltliche Zentrum von Rom.
Andere vom Verkehr verschonte Straßen bilden das Reich des Einkaufsbummels: die Via Condotti, die Via Frattina, die Via della Croce, die Via Borgognona. Eine erholsame Rast läßt sich auch beim Gesang der hundert Brünnlein und Brunnen einlegen. Immerhin ein recht vorwitziger Gesang, den Jean Cocteau so beschrieb: die römischen Brunnen „disent ce qu'elles pensent, même lorsque les oblige à se taire".
Viele Ausländer ziehen es vor, Rom zu Fuß zu erforschen, um es »en flanant« zu genießen, wie es die Pariser vormachen. Sie kommen ganz plötzlich zu zweit oder in Gruppen aus kleinen Plätzen, ganz sicher in der Annahme, Entdeckungen zu machen und sie dann voller Freude den anderen mitzuteilen. Eine Art der Erforschung, die die verborgenen Schönheiten der Stadt in direktes Zwiegespräch bringt mit der Empfindsamkeit und dem Geschmack jedes einzelnen.
Zu Maria Himmelfahrt (Ferragosto), wenn die Römer in Ferien sind, bleiben die Ausländer als Herren einer Stadt zurück, einer Stadt mit klaren Konturen, wiedergefundenen Ansichten und fast ohne Verkehr.
Von oben gesehen erscheint der Blumenmarkt (Campo de' Fiori) an einem Markttag als ein farbenfreudiges Gemenge von Verkaufsständen und Schirmen rund um die Bronzestatue von Giordano Bruno, dem Märtyrer der Verständnislosigkeit. „Dort, wo der Scheiterhaufen brannte". Ein Kräutermarkt alla romana, der heute noch das Leben des Viertels bestimmt, das seit dem 15. Jahrhundert Lebendigkeit in eine Stadt brachte, die eben gerade ihr mittelalterliches Gepränge abgelegte hatte. Ein Handelszentrum, in dem die aufstrebende Druckkunst florierte, voll mit Gaststätten, Tavernen; aber auch ein „verfluchtes Feld" (Campo maledetto) mit Ketten, Pranger, Folterbänken, Galgen und Scheiterhaufen. Das widerfuhr Giordano Bruno, und die „Terrina", die später in die neue Kirche gebracht wurde, scheint mit ihrer mahnenden Inschrift die Gerechtigkeit der Inquisition zu verhöhnen. „Liebe Gott und weiche nicht ab, tue Gutes und laß darüber reden".
Danach kam der Niedergang im 18. Jahrhundert, bedingt durch die vielen neuen Zentren in der Stadt, neue Begegnungsstätten, bis sich dann das italienische Rom wieder an den Philosophen aus Nola erinnerte und 1889 das Denkmal einweihte unter heftigen Polemiken und Widersprüchen, die sich jahrelang hinzogen.
Man kann aber sagen, daß das Werk von Ettore Ferrarri zu einem liebgewordenen, nicht zu ersetzenden Bestandteil des Platzes geworden ist. Wenn nachmittags der Marktplatz leer ist, bleibt der Philosoph als meditierender Schiedsrichter bei den Ballspielen zurück, die von den lebhaften Jungen eines überlebenden Roms ausgetragen werden. Im Winter entzünden die Jungen sogar kleine Feuer unter der Statue wie um einen Totempfahl, während nicht weit davon jemand aufschreit, weil die Handtasche gestohlen wurde.

Ganz in der Nähe des Blumenmarktes gibt es noch ein „verschwundenes Rom", das Gott sei Dank überhaupt nicht verschwunden ist. Wie bei den „Cappellari" (Hutmacher), mit dem Bogen, der die Häuser oben zusammenhält. In einem dieser Häuser wurde der Inschrift zufolge Pietro Trafassi, der „Metastasio" geboren. Eine vielleicht zu liebgewordene Gasse, besonders für die Genre-Maler.
Zur Via del Pellegrino hin gibt es sogar einen Bogen der Acetari (der Gerber). Im Unterschied zu nachfolgenden Bogen von Santa Margherita lehnt er sich an eine Verbreiterung, die einen äußerst seltenen Anblick bietet. Es handelt sich dabei um ein erhalten gebliebenes Zeugnis eines urbanistischen Modells, das seit einigen Jahrzehnten ausgestorben ist, das aber im Ghetto und auch sonst in Rom weit verbreitet war. Nur sehr wenige Römer kennen diese vergessene Ecke in Rom, aber Filmemacher und Cinéasten freuen sich schon lange darüber, daß sie dort ihre Außenaufnahmen drehen können.
Nun gehen wir zurück über den Blumenmarkt, die Piazza Farnese, Capo di Ferro und den Maskeron und finden uns an der Ecke zur Via Giulia wieder. Über die Sixtusbrücke gelangen wir in ein anderes Stadtviertel. Trastevere, ein Gebiet, wo das Emblem des Viertels, der Löwenkopf auf rotem Feld, vor sich hinrostet, Zeichen einer Unveränderlichkeit von Grenzen und Traditionen, auch wenn die Untersuchungen über diese Welt und ihre Bewohner unablässig fortgeführt werden in einem Auf und Nieder von Jubelrufen und Wehgeschrei.
Eine Bevölkerung, die allem Anschein nach ohne Hemmungen ist, die einen Freiheitsdrang verspürt, der in den vergangenen Jahrhunderten oft zum Ausbruch kam. Es ist das Viertel von Titta degli Anguillara, der nicht einmal vor Kaiser Karl V. den Hut abnehmen wollte und von Giuditta Tavari Arquati, die für die Idee des Vaterlandes zur Märtyrerin und zum Symbol eines weiblichen Heldentums wurde. Der Stadtteil litt mehr als die anderen unter der französischen Belagerung während der römischen Republik von 1849. Das ging so weit, daß sich in dieser Zeit kein "Trasteverino" von seinem Messer trennte, dessen Besitz allein den wahren Mann ausmachte, was durch besondere Bräuche und historische Begebenheiten noch verstärkt wurde.
Das war Trastevere, und seine Menschen bewahren bis heute einen außergewöhnlichen Stolz. Personen, die zu schweigen wissen oder eine ungeahnte Freiheit der Sprache zeigen, in ihrem ausdrucksstarken Dialekt. Menschen, die besonders treu sind, die vor allen Dingen mit dem eigenen Charakter gegen das Eindringen einer schlechtverstandenen Modernität gekämpft haben.
Das „Dorf" war ein außergewöhnlich lebhaftes Handelszentrum, als der Fluß noch die Hauptschlagader in den Verkhersbeziehungen darstellte. Am Hafen Ripa Grande legten die Schiffe an, die von der Tibermündung bei Fiumicino ungefähr 24 Meilen stromaufwärts fuhren. Ein Hafen mit so vielen Leuchtfeuern, die beim Bau der Endämmungsmauern verschwunden sind, die dic Stadt zwar vor den vielen Über-

schwemmungen schützen, den Tiber in Mythos und Geschichte jedoch zu einem charakterlosen Kanal degradierten.
Hierher und zu anderen Plätzen muß derjenige gehen, der heute das wirkliche Trastevere sehen will, es lebendig erleben will, außerhalb gewisser Modeerscheinungen, die stets zwischen den antiken Märchen und der heutigen Mondänität angesiedelt sind. In den Straßen zu bummeln, Kirchen zu besuchen, wenn das Sonnenlicht durch die Fenster scheint (bei Santa Maria Trastevere, Santa Cecilia, Santa Maria dell-'Orto, San Giovanni Battista dei Genovesi), abends auszuruhen bei einem der Rundgänge des modernen Fremdenverkehrs durch die Wirtschaften und Schänken. Es ist sinnlos zu betonen, daß man in einem zum großen Teil „geheimen" Stadtviertel ist (manche hätten es gern zum „verbotenen Bezirk" erklärt), das es zu entdecken gilt, wobei man versuchen sollte, eine gewisse lokale Psychologie anzunehmen, einer klar wahrnehmbaren Strömung zu folgen, um nicht die Atmosphäre zu zerstören, die seit Jahrhunderten um Trastevere herrscht und es „anders" macht.
Beim Besuch der Kunstschätze sollte man auch am Nabel des Trastevere verweilen, an der Piazza de' Renzi, benannt nach einer alten angestammten Familie. Hierher sollte man sich von einer Karte führen lassen, denn die Via del Moro oder Vicolo dei Cinque, durch die man zu Anfang gehen muß, wenn man vom Ponte Sisto kommt, gehen an dem Platz einfach vorüber, lassen ihn auf der Seite liegen. Man muß unbedingt in die Via del Cipresso oder Vicolo de' Renzi abbiegen und auf einmal findet man sich auf diesem kleinen, trasteverianischen Platz wieder. So lebensnah, daß ihn nicht einmal ein erfahrener Regisseur mit allen zu Gebote stehenden Hilfsmitteln echter darstellen könnte.

◁152

153

154

VICOLO
DI S. MARIA
IN TRASTEVERE

30
31

EBANISTA INTAGLIATORE
RESTAURA
MOBILI ANTICHI

173

174

DORDINE DI MONSIG PRESIDENTE
DELLE STRADE SI PROIBISCE A
QVALS PERSONA DI PORTAR
NE GETTARE IMMONDITIE DI SORTE ALCVNA
IN QVESTO LOCO SOTTO PENA DI SCVDI
DIECI D ORO E DELLA CARCERATIONE
DATO QVESTO DI XII NOVEMBRE MDCCXXXV
ORSINI NOTARO

S.I.R.M.A.
CERTANO
FILTRI FIAAM
VALVOLE VERA
SILENZIATORI

MAGIA

FARNESE

VIA LA POLIZIA DA
TOR DI NONA
TOR DI NONA
È
NOSTRA

89
N G
RICEVITORIA DEL LOTTO

ARCO
DI
S. MARGHERITA

202▷

201

1 Blick auf die malerische Nomentano-Brücke über den Aniene; ein beliebtes Motiv der Künstler des 17. und 18. Jahrhunderts.

2 Die Überreste der Villa der Quintilier (4. Jh.) zählen zu den großartigsten Ruinen der Via Appia.

3 Einer der vielen römischen Gedenksteine zu beiden Seiten der Via Appia, die als schönste und bedeutendste Consularstraße gilt.

4-5 Die Aquädukte mit der eintönigen Abfolge der Bogen geben der römischen Campagna bei der Via Appia ihr typisches Gepräge. Der Aquädukt des Kaisers Claudius wurde bereits im Jahre 312 v. Chr. errichtet.

6-7 Das Grabmal von Caecilia Metella, ein Rundbau im Durchmesser von 20 m, und die Türme des Circus des Maxentius aus dem Jahre 309 n. Chr.

8 Der Schäfer, seine Herde, die Ruinen. Ein Bild aus dem alten Latium, das sich bis in unsere Tage erhalten hat.

9 Ein Straßenabschnitt der Via Appia mit den Fahrrinnen der Karren.

10 Römische Urnenhalle beim Grabmal der Scipionen zwischen der Porta S. Sebastiano und der Porta Latina.

11 Die Via Appia Antica beim »Casal Rotondo«, einem alten Grabmal aus republikanischer Zeit. Die Ziegelmauer daneben zeigt noch Bruchstücke von Bühnenmasken und Inschriften.

12 Der Triumphbogen des Drusus vor der Porta San Sebastiano.

13 Weidende Schafe im »Tal der Hölle« ganz nah an der Peterskirche.

14 Die Türme der alten Porta Asinaria vor dem Giebel der Lateran-Basilika.

15 Die Grabpyramide des Caius Cestius und die Porta San Paolo.

16 Der pulsierende Mittelpunkt des städtischen Lebens im Altertum, die Zone des Forum Romanum und seine Monumente, wurde erst im letzten Jahrhundert freigelegt.

17 Blick vom Bogen des Septimus Severus auf das Forum Romanum und die Ausläufer des Palatin.

18 Die Säulen des Castor- und Pollux-Tempels und der Titus-Bogen auf dem Forum Romanum.

19 Die Juturnische Quelle auf dem Forum Romanum. Hier haben der Sage zufolge die Dioskuren Castor und Pollux ihre Pferde getränkt, nachdem sie die Nachricht vom Sieg über die Tarquinier nach Rom gebracht hatten (496 v. Chr.)

20 Die alte Via Biberatica im Halbkreis der Trajanischen Märkte. Die Stammbewohner dieser Ruinen, die Katzen, folgen ihrer »Katzenmutter«, die gerade mit dem Füttern an der Reihe ist.

21 Das Straßenpflaster der Via Sacra mit alten Gedenksteinen im Grün des Forum Romanum. Im Hintergrund der Palatin.

22 Konstantin-Bogen und Kolosseum vom Palatin aus gesehen.

23 Detail eines Wandfreskos aus der Villa der Livia in Porta Prima, jetzt im Römischen National- und Thermenmuseum ausgestellt.

24 Bischofsaltar im Mithräum unter der Kirche San Clemente.

25 Der Rundtempel der Vesta an der heutigen Piazza Bocca della Verità.

26 Der rechteckige Tempel »Fortuna Virilis« an der Piazza Bocca della Verità. Im Vordergrund das mittelalterliche Haus des Nicola de' Crescenzi.

27 Der Bogen der Geldwechsler an der Kirche San Giorgio in Velabro.

28 Der Janus-Bogen und dahinter die Kirche San Giorgio in Velabro.

29-30-31-32 Das Pantheon an der Piazza della Rotonda gilt als das schönste und besterhaltene Bauwerk der römischen Antike. Marcus Agrippa ließ es im Jahre 27 v. Chr. erbauen. Von Kaiser Hadrian wurde es dann erweitert. Sechzehn einheitliche Säulen bilden die Vorhalle. Der Innenraum, bemerkenswert wegen der Harmonie der Proportionen, wird von einer grandiosen, halbkugelförmigen Kuppel bedeckt. Die Kuppel mißt je 43 m in Höhe und Durchmesser und ist eine der größten, die konstruiert wurden.

33-34-35 Ansichten und Teilansichten des Torbogens der Ottavia auf dem Marsfeld. Zwischen den Bogen steht die Kirche San Angelo in Peschiera, so genannt nach dem Fischmarkt, der einst dort abgehalten wurde.

36 Blick von der Außenmauer des Forum des Nerva auf die Kirche SS. Nome di Maria.

37 Die Engelsbrücke und die gewaltige Engelsburg.

38 Die berühmte Reiterstatue des Mark Aurel auf dem Kapitol.

39 Die drei verbliebenen Säulen des Tempels des Apollo Sosianus neben den Säulenhallen des Marcellus-Theaters vor dem Hintergrund des Albergo della Catena und der Kuppel von S. Maria in Campitelli.

40 Christus-Gestalt. Die erste Darstellung in Mosaik aus einem Haus in Ostia Antica, jetzt im Museum aufbewahrt.

41-42 Die Katakomben der Priscilla an der Via Salaria mit den fein säuberlich in den Tuff gehauenen Grabnischen.

43-44 Das Mausoleum der Constantia und Helena, Töchter des Kaisers Konstantin, wurde später in die Kirche S. Costanza umgewandelt. Die großartigen Mosaikarbeiten an der Decke des äußeren Umganges aus dem 4. Jh. haben bis heute alle Merkmale der Mosaikkunst der römischen Antike bewahrt.

45-46-47-48 Die Kirche Santa Sabina auf dem Aventin gilt als Prototyp der christlichen Basilika im 5. Jh. Die berühmten Holzportale mit den geschnitzten Szenen aus dem Alten und dem Neuen Testament stellen ein wichtiges Zeugnis der römischen Bildhauerei des 5. Jhs. dar. Das Detail zeigt den Zug durch das Rote Meer. Der romanische Kreuzgang ist aus dem 3. Jahrhundert.

49 Fresken aus dem 8. Jh. an den Wänden der Kirche S. Maria Antiqua zwischen den Ruinen des Forum Romanum. Das erste antike Gebäude, das für christliche Zwecke benutzt wurde.

50 Innenraum der Kirche S. Maria in Aracoeli auf dem Kapitol.

51 Die Fontana dei Tritoni von Bizzaccheri und die Vorhalle der Kirche S. Maria in Cosmedin. Ein barocker Eindringling in der klassisch-romanischen Umgebung der Piazza Bocca della Verità. Aber die Kinder machen sich nichts aus Stilfragen.

52 Portikus der Kirche S. Maria in Cosmedin. Die Brunnenplatte mit dem Bild einer

Flußgottheit hat dem Platz seinen Namen gegeben, Bocca della Verità (Mund der Wahrheit). Die Legende berichtet, daß der Mund zubeißt, wenn Lügner die Hand hineinstecken.

53 Innenraum der Kirche S. Maria in Cosmedin. Herrliche Cosmatenarbeiten zwischen den einfachen und klaren Linien der Kirche.

54-55 Die Kirche S. Prassede. Detail der Mosaiken (9. Jh.) in der Zenon-Kapelle, dem bedeutendsten byzantinischen Monument in Rom. Sie wird wegen ihrer außerordentlichen Schönheit der »Garten des Paradieses« genannt. In einem kleinen Nebengelaß wird die »Säule der Auspeitschung Jesu« aufbewahrt, die im Jahre 1223 aus Jerusalem gebracht wurde.

56-57 S. Pietro in Montorio auf dem Gianicolo und die kleinen Kapellen, die die Via Crucis von Trastevere bis zum Vorplatz der Kirche säumen. Hier soll der Überlieferung zufolge Petrus gekreuzigt worden sein.

58-59 Die Kirche S. Onofrio auf dem Gianicolo. Im Klosterhof Fresken aus dem Leben des S. Onofrio del Cavalier d'Arpino. Im Kloster starb Torquato Tasso, der in der Kirche begraben liegt.

60 Die Kirche SS. Quattro Coronati, ein einsam gelegener, ehemals befestigter Konvent, hat einen wunderschönen Kreuzgang aus dem 13. Jh.

61 Die Via Crucis führt vom Forum Romanum in der Nähe des Titus Bogens zum Kirchlein S. Bonaventura auf dem Palatin.

62 Vor dem Renaissanceportal der Kirche S. Maria in Domnica prangt die berühmte »navicella« (Schifflein); ganz sicher ein Exvoto aus der romanischen Zeit.

63 Die malerischen Strebebögen von Clivio di Scauro an der Kirche SS. Giovanni e Paolo.

64 Die Kuppel von S. Andrea della Valle, nur wenig kleiner als die der Peterskirche.

65 Die Via S. Paolo della Croce mit Kuppel und Turm der Kirche SS. Giovanni e Paolo.

66 Ein Traum des Hl. Franziskus von Assisi (der die Lateran-Basilika vor dem Verfall rettete) in Bronze gegossen, direkt vor der »Mutter aller Kirchen«, S. Giovanni in Laterano.

67-68-69 S. Paolo fuori le mura oder Basilica Ostiense ist nach der Peterskirche eine der größten Kirchen Roms. Der großartige Innenraum, der an die Basiliken des Römischen Reiches erinnert, ist durch 80 Granitsäulen in fünf Seitenschiffe aufgeteilt. Die Apsis schmückt ein wundervolles Mosaik des segnenden Christus. Der über 5 m hohe Osterleuchter von Nicolò di Angelo und Pietro Vassalletto ist aus dem 12. Jh. Den Säulenschaft schmükken Szenen aus der Christuspassion, Fabeltiere, Chimären und floreale Motive.

70-71 Die malerische Fassade der Kirche Trinità dei Monti, die den Abschluß der berühmten Spanischen Treppe bildet. Vom nahegelegenen Kloster hat man einen außergewöhnlichen Blick auf die Kuppel von S. Carlo in Corso und auf die Peterskirche im Hintergrund.

72 Marienädikulä an der Piazza della Pigna; vom Vicolo della Ceste aus fotografiert.

73 Die barocke Fassade von S. Maria della Pace, ein Werk von Pietro da Cortona.

74 Ädikula an der Ecke des Palastes Rizzi, fast ein Zwiegespräch mit den Wandbildern der Fassade.

75 Fresko mit religiösem Motiv über dem Tor des Klosters »delle Oblate a Tor de' Specchi«, in der Straße des Marcellus-Theaters.

76-77-78 S. Carlino alle Quattro Fontane, eines der Meisterwerke von Francesco Borromini. Die geschwungene Fassade paßt sich der berühmten Straßenkreuzung an, die von Statuen und Brunnen geschmückt wird. Das Innere der Kirche ist von höchster Originalität, besonders die kunstvoll ausgearbeitete elliptische Kuppel mit wabenförmigen Kassetten. Sehr sehenswert ist auch der kleine Kreuzgang.

79 S. Ignazio di Loyola. Die ganze Kunst des Barocks offenbart sich im Deckenfresko mit den berühmten Scheinarchitekturen von Padre Andrea Pozzo.

80-81-82 Die Peterskirche. Die »Umarmung« der Kolonnaden, die Fassade, die Brunnen, der Obelisk, die Kugel, das Muster der Pflastersteine. Die Kolonnaden bestehen aus 284 Säulen, 88 Pfeilern und 140 Heiligenfiguren auf der Balustrade.

83 Die Taube, Symbol des Heiligen Geistes, beim Papstaltar.

84 Riesenputto am Weihwasserbecken im Hauptschiff der Peterskirche.

85-86 Nach altem Brauch berühren oder küssen die Pilger den rechten Fuß der Bronzestatue des thronenden Petrus (13. Jh. von Arnolfo di Cabio).

87 Junge Seminaristen vor der Engelsburg.

88 Blick von den kapitolinischen Gärten auf die Kuppeln von S. Andrea della Valle und der Peterskirche.

89 Die Kuppeln von S. Carlo al Corso und der Peterskirche von der Kirche Trinità dei Monti aus gesehen.

90 Blick vom Pincio auf die Peterskirche.

91 Kuppeln und Paläste im Stadtbild von Rom. Blick vom Gianicolo.

92-93 Die Spanische Treppe und der Brunnen von Bernini.

94 Wie Orgelpfeifen stehen die Säulen des Palazzo Doria.

95 Die dichten, nassen Pflastersteine lassen die weiche Geometrie des Brunnens »La Barcaccia« vor der Spanischen Treppe noch deutlicher hervortreten.

96-97 Die Via Condotti mit vielen eleganten Geschäften und Adelspalästen verbindet den Spanischen Platz mit der Via del Corso. Das alte Caffè Greco in der Via Condotti wurde im Jahr 1760 eröffnet und von berühmten ausländischen Gästen (Goethe, Schopenhauer, Mendelssohn, Stendhal, Baudelaire, Wagner, Liszt, um nur einige zu nennen) und italienischen Künstlern und Schriftstellern besucht.

98 Die Spanische Treppe ist im Mai von blühenden Azaleen geschmückt.

99-100-101 Der Tritons-Brunnen im Zentrum der Piazza Barberini. Vier Delphine halten mit ihren Leibern eine große Muschelschale, auf der ein Triton einen Wasserstrahl gen Himmel bläst.

102 Der berühmte Trevi-Brunnen, ein gewaltiges Barockwerk aus dem 18. Jh., wurde von Papst Clemens XII. dem Künstler Niccolò Salvi in Auftrag gegeben. Nach altem Brauch werfen die Besucher Roms dort eine Münze hinein, um nach Rom wiederkehren zu können.

103 Eine große Heiligenädikula an einer Hausecke vor dem Trevi-Brunnen.

104-105 Die Via Margutta ist seit Jahrhunderten die Straße der Künstler.

106-107-108-109 Die Piazza della Rotonda wird von allen Touristen besucht, die hier das Pantheon besichtigen wollen. Am Platz selbst finden sich zahlreiche Cafès und Restaurants, die ihre Tische im Freien aufgestellt haben. In der Mitte des Platzes steht der reich verzierte Brunnen von Giacomo della Porta (1578) auf dem im Jahr 1711 ein äyptischer Obelisk errichtet wurde.

110-111 Die Via Giulia ist eine breite Prachtstraße mit vielen Palästen und Kirchen aus der Renaissance. Hier können Werke von Bramante, Raffael, Bernini und Fuga besichtigt werden. Am Ende der Straße, nahe dem Ponte Sisto, steht der Brunnen der Maske mit der Farnese-Lilie.

112 Via Giulia. Im Schaufenster eines der vielen eleganten Antiquitätengeschäfte in dieser Straße hängt ein Gemälde aus dem 18. Jh., das den Innenraum der Peterskirche darstellt.

113 »Pulcin della Minerva«, heißt der kleine steinerne Elefant, dem Gianlorenzo Bernini einen ägyptischen Obelisk aus dem 6. Jh. v. Chr. aufgebürdet hat.

114-115 Die ruhige Piazza Farnese wird beherrscht von der Fassade des Palazzo Farnese, einem Meisterwerk von Sangallo und Michelangelo aus dem 16. Jh. Den Platz schmücken zwei Zwillingsbrunnen, in denen das Wasser aus den Farnese-Lilien in zwei riesige Becken aus ägyptischem Granit fällt. Das Baumaterial dazu stammte aus den Thermen des Caracalla.

116 Die elegante Fassade des Palazzo Spada an der Piazza Capo di Ferro mit Ornamenten, Fliesen und Statuen von Mazzoni.

117-118 Wandverzierungen und Fresken in der »Galleria degli Stucchi« im Palazzo Spada. Der Palast wurde um 1540 von Giulio Merisi da Caravaggio für den Kardinal Girolamo Capo di Ferro erbaut und ist nun seit langer Zeit Sitz des Staatsrates.

119 Innenhöfe in Rom. Ein zierliches schmiedeeisernes Gitter mit Weinlaub und Reben.

120 Ein kleiner Hof in der Via del Gesù, verziert mit einer klassisch umrahmten Wasseruhr, die heute noch geht. Pater Domenico Embriaco erbaute diese und die noch berühmtere Wasseruhr auf dem Pincio.

121 Das sogenannte »Bad der Venus«, ein großartiges Nymphäum im Hof des Palazzo Borghese mit vielen Brunnen und Statuen.

122 Villa Doria Pamphili vor der Porta San Pancrazio ist der größte Park von Rom. Er wurde um 1650 von Algardi angelegt und mit Wasserfällen, Brunnen und Statuen ausgeschmückt.

123 Der große Brunnen vor der Kirche S. Maria in Trastevere im ältesten Teil des Viertels. Die Entwürfe für den Brunnen stammen von Carlo Fontana (1692).

124 Maskaron an der Piazza Pietro d'Illiria auf dem Aventin. Die Maske zierte einst eine Brunnenschale bei Porto Leonino, am rechten Tiberufer, direkt vor dem Palazzo Salviati.

125 Der Schildkröten-Brunnen, ein Meisterwerk toskanischer Vornehmheit in einem römischen Viertel. Er wurde 1585 von Taddeo Landri nach Zeichnungen von Giacomo della Porta erbaut.

126-127-128-129-130-131 Die Piazza Navona ist eine der schönsten und harmonischsten städtebaulichen Einheiten des barocken Roms. Sie wird begrenzt von Gebäuden, die auf den Fundamenten des ehemaligen Stadiums des Domitian erbaut wurden. Das Zentrum des Platzes beherrscht der Vierströme-Brunnen, ein großartiges Werk von Bernini, gekrönt von einem hohen römischen Obelisk. Direkt davor erhebt sich die herrliche borrominische Fassade der Kirche Sant'Agnese mit den beiden Türmen. Zwei andere Brunnen schmücken den Platz in der Mittellinie. Der Mohren-Brunnen vor dem Palazzo Pamphili, so genannt nach der Figur des Mohren, der mit dem Delphin kämpft, wurde 1655 nach Entwürfen von Bernini gestaltet. Der Neptun-Brunnen mit verschiedenen Figuren aus dem 19. Jahrhundert, aus denen die Figur des Neptun hervorragt, der mit einem Seepolypen kämpft. Die Piazza Navona war im Mittelalter Schauplatz von zahlreichen Wasserspielen, Pferderennen und Turnieren und ist heute einer der Plätze, der auch von den Römern am meisten geliebt und besucht wird.

132-133-134 Die Piazza Navona im weihnachtlichen Gepränge mit einem Markt für Spielzeug und Süßigkeiten, der bis zum Drei-Königs-Fest dauert.

135 Möwen über den Wassern des Tibers.

136 Die Brüstung des Ponte Sisto; der Brunnen; die Hänge des Gianicolo durch die Zweige der Platanen am Tiberufer gesehen.

137 Tiberfischer vor dem Hintergrund der Engelsbrücke und der Peterskirche.

138-139-140-141 Der Ponte Sisto mit dem harmonischen Schwung der Brückenbogen aus dem 15. Jahrhundert ist die einzige Brücke nach den Brücken der römischen Kaiserzeit, die die Päpste errichten ließen. Wer sie in Richtung Trastevere überquert, hat den Gianicolo im Blickfeld und den großen Brunnen am Ponte Sisto, der 1612 von G. Fontana entworfen, erst in der Via Giulia aufgestellt und 1962 hierher gebracht wurde.

142 Die historischen Wasserstandsanzeiger an der Fassade der Kirche S. Maria sopra Minerva und an anderen Ecken im alten Rom erinnern an die vielen Überschwemmungen des Tiber während der vergangenen Jahrhunderte.

143 Die Ponte Fabricio wurde im Jahre 62 v. Chr. erbaut, um die Tiberinsel mit dem linken Tiberufer zu verbinden. Sie ist die älteste Brücke von Rom und ist bis heute im ursprünglichen Zustand erhalten.

144 Die Ponte Rotto ist der Rest einer Brücke, die Papst Gregor XIII. auf den Überresten der alten Emilius-Brücke errichten ließ. Dahinter sieht man den südlichen Teil der Tiberinsel mit den beiden Brücken Cestio und Fabricio.

145 Ponte Fabricio wird auch die »Brücke der vier Köpfe« genannt. Der volkstümliche Name leitet sich von den beiden viergesichtigen Marmorbüsten auf dem gemauerten Brückengeländer ab.

146-147-148 Ansichten der Tiberinsel und des Ponte Fabricio mit dem mittelalterlichen Turm der Caetani, dem Rest einer alten Burg.

149 Die barocke Fassade der alten Kirche S. Bartolomeo de Insula wird beherrscht von der kräftigen Struktur des romanischen Kirchturms. Auf dem malerischen Plätzchen steht eine Fiale aus dem 19. Jahrhundert, die vier Heiligen geweiht ist.

150 Ponte Cestio, gegen Ende des 19. Jahrhunderts mit altem Material wiederaufgebaut, verbindet die Insel mit dem rechten Tiberufer. Die Brücke wurde im Jahre 46 v. Chr. von Cestius mit drei Bogen erbaut und in der Kaiserzeit restauriert.

151 Über Brücken und Insel hinweg geht der Rundblick auf die Kuppel von S. Carlo di Catinari und Sant'Andrea della Valle, die miteinander um den schönsten Blick auf Rom wetteifern.

152-153-154 Die mittelalterlichen Gassen und Häuser von Trastevere machen den Zauber dieses Viertels aus.

155 Der Scherenschleifer hat den Karren durch das Fahrrad ersetzt, aber der Kundendienst vor der Haustür ist geblieben.

156 Piazza S. Maria in Trastevere, einer der Winkel in Rom, der sich nicht verändert hat.

Die Basilika wurde als eine der ersten dem Marienkult geweiht. Die heutige Gestalt mit Mosaikfassade und romanischem Kirchturm geht auf das 12. Jahrhundert zurück.

157-158-159-160 Das gelassene Landleben gibt es auch inmitten der Großstadt. Das ist der große Reiz dieses Viertels jenseits des Tibers, das dadurch viele Fremde angezogen hat.

161 Der Platz im Trastevere an einem warmen Sommerabend.

162 Heiligen-Ädikulä in der Via Uffici del Vicario mit allem erforderlichen Zubehör wie Lampe und Baldachin.

163-164 Markt in der Via della Pace bei der Piazza Navona.

165-166 Beim Campo de' Fiori (Blumenmarkt) sieht man an einem kleinen Platz, den man durch den Arco degli Acetari erreicht, noch alte Häuser mit der charakteristischen Außentreppe.

167-168-169-170 Eine Spiegelgalerie unter dem Arco degli Acetari in der Via del Pellegrino; zahlreiche kleine Möbelwerkstätten stellen hier und in den umliegenden Gassen ihre Möbel im Freien auf.

171 Ein kleiner Korb im auf und ab zwischen Fenster und Straße. Ein alter Brauch hat sich hier bewahrt.

172-173-174-175 Piazza Margana ist ein idyllischer Platz, der die Jahrhunderte ohne Schaden überdauert hat.

176-177 Ein Antiquitätenladen in der Nähe der Piazza Farnese.

178 Die Verbotstafel gegen das unkontrollierte Müllabladen ist eines der vielen steinernen Hinweisschilder der »Straßenpolizei« des 18. Jahrhunderts, die noch an vielen Straßen und Plätzen in Rom zu finden sind.

179 Der Vicolo della Volpe (Fuchsgasse) mit dem Turm von S. Maria dell'Anima im Hintergrund.

180 Ein Karren vor dem verriegelten Tor - zwei wesentliche Merkmale des Roms von gestern.

181 Beim Gläschen Rotwein in der Osteria.

182 Schusterwerkstatt in der Via Giulia.

183 Verkaufsstand mit alten Drucken und gebrauchten Büchern an der Piazza Pollarola.

184 Die Via dei Cappellari, eine malerische Seitengasse zum Campo de' Fiori (Blumenmarkt).

185-186-187-188 Der charakteristische römische Markt auf der Piazza Campo de' Fiori wird lebhaft und lärmend zu Füßen der Statue von Giordano Bruno abgehalten, der hier im Februar 1600 als Ketzer verbrannt wurde.

189 Das Kätzchen und die Tüte.

190 Ein alter Schmied in der Via delle Grotte in Capo di Ferro.

191-192 Kleine Werkstätten eines Holzschnitzers und Vergolders in der Via del Governo Vecchio. Hier und in den umliegenden Gassen blüht noch die handwerkliche Restaurierung von Möbeln und Kunstgegenständen.

193 Ein Scherenschleifer mit seinem Karren auf der Piazza S. Salvatore in Lauro.

194 Mastro Pasquino. Dieses Fragment einer Marmorgruppe aus hellenistischer Zeit ist die bekannteste der »sprechenden Statuen«, an denen das Volk seine satirischen Verse anbrachte.

195 Bäckerjunge in einer Gasse bei der Via dei Coronari.

196 Marien-Ädikula sowie alte und neue Aufschriften an einer Hausfassade an der Piazza del Biscione.

197 Der »Durchgang von Biscione« führt in die Via di Grotta Pinta. Darunter befinden sich die Überreste des Pompejus-Theaters.

198 Prächtige Ädikula aus dem 16. Jahrhundert in der Via del Pellegrino mit der Madonna mit Kind und der Büste von S. Filippo Neri zwischen zwei Adlern. Diese Ädikula ist eine der schönsten von ganz Rom.

199 Ein Renaissancehaus in der Via del Pellegrino mit bemalter Fassade, die jedoch sehr heruntergekommen ist. Sie wird dem Künstler Daniele da Volterra (1509-1566) zugeschrieben.

200-201 Details des Straßenbildes beim Vicolo della Pace.

202 Das Brünnlein des Facchino (Trägers) an der Via Lata stellt eine Person dar, die wirklich gelebt hat. Sie ist eine der vielen »sprechenden Statuen« von Rom (siehe auch das Bild auf Seite 194). Zusammen mit Mastro Pasquino, Marforio, Madama Lucrezia und Abate Luigi gehört der Facchino zum »congresso degli arguti«, der »Versammlung der Spitzzüngigen«.

Layout: Giancarlo Gasponi - Rouhyeh Avaregan
Reproduktionen: NEWSELE - MILANO
Fotosatz: Linotipia LIFE - TRENTO
Druck: PRINTERS - TRENTO
Printed in Italy - 1994 ISBN 3-87051-389-6

Papier: GARDA ART - **Cartiere del Garda S.p.A.** - Riva - Italien